铁路擎起的朝阳

TIELU QINGQI DE ZHAOYANG

王麟◎编著

山西出版传媒集团　山西教育出版社

图书在版编目（ＣＩＰ）数据

铁路擎起的朝阳/王麟编著. —太原：山西教育出版社，
2015.4（2022.6重印）
（科学充电站/郑军主编）
ISBN 978-7-5440-7552-7

Ⅰ．①铁… Ⅱ．①王… Ⅲ．①铁路工程-青少年读物
Ⅳ．①U2-49

中国版本图书馆CIP数据核字（2014）第309888号

铁路擎起的朝阳

责任编辑	彭琼梅
复　审	李梦燕
终　审	张大同
装帧设计	陈　晓
印装监制	蔡　洁

出版发行 山西出版传媒集团·山西教育出版社
（太原市水西门街慢头巷7号　电话：0351-4729801　邮编：030002）

印　装	北京一鑫印务有限责任公司
开　本	890×1240　1/32
印　张	6.625
字　数	182千字
版　次	2015年4月第1版　2022年6月第3次印刷
印　数	5 501—8 500册
书　号	ISBN 978-7-5440-7552-7
定　价	39.00元

如发现印装质量问题，影响阅读，请与印刷厂联系调换。电话：010-61424266

目 录.

一

回首沧桑——铁路发展百年历程　　2

1. 铁路——第二次工业革命的宠儿　　/ 2
2. 重载铁路——巨龙咆哮在高山深谷　　/ 4
3. 高速铁路——让火车实现陆地飞行　　/ 6
4. 龙旗下的铁路发展史　　/ 8
5. 列强蹂躏下的中国铁路　　/ 10
6. 詹天佑——一座不朽的丰碑　　/ 12
7. 从两万到十万，敢教日月换新天　　/ 14
8. 回望蒸汽机车的历史背影　　/ 16
9. 蒸汽时代到电力时代的过渡品　　/ 18
10. 电力牵引——铁路机车中的耀眼明星　　/ 20

二

普速铁路——客货混用钢铁动脉　　22

1. 普速铁路的身份证明　　/ 22
2. 铁路路基——让铁路安全运行的基础设施　　/ 24
3. 铁路桥梁——跨越江河的艺术品　　/ 26

4. 铁路隧道——穿山越岭的强大武器　／28

5. 铁路轨道——小小钢轨重千钧　／30

6. 无缝线路——让列车快速平稳运行　／32

7. 铁路道岔——铁路线间的转换开关　／34

8. 铁路车辆——载人运货的必需设备　／36

9. 信号列控——安全行车责任重大　／38

10. 牵引供电——电力列车无烟飞驰　／40

三

高速铁路——让你体验陆地飞行　42

1. 高速铁路历史辉煌　／42

2. 舍我其谁睥睨天下　／44

3. 决定速度的平纵面要素　／46

4. 高铁路基奥妙无穷　／48

5. 无砟轨道令人耳目一新　／50

6. 动车组——机车与车辆融合的新产品　／52

7. 维修基地——动车组的温馨之家　／54

8. 列控系统——高铁安全运行的保护神　／56

9. 铁路客服——为乘客提供贴心服务　／58

10. 高铁安全防灾——全方位的安全保障系统　／60

四

磁浮铁路——列车悬浮不是梦想　62

1. 磁浮铁路填补速度空白　／62

2. 世界磁浮铁路发展回顾　／64

3. 磁浮铁路的技术原理　　　　　/ 66

4. 为磁浮铁路分门别类　　　　　/ 68

5. 超高速磁悬浮技术　　　　　　/ 70

6. 中低速磁悬浮技术　　　　　　/ 72

7. 磁浮铁路的基础设施　　　　　/ 74

8. 磁浮铁路的牵引供电　　　　　/ 76

9. 磁浮铁路的列车控制　　　　　/ 78

10. 未来的磁悬浮交通　　　　　 / 80

五

城轨交通——靓丽的城市风景线　82

1. 解决城市堵车的灵丹妙药　　　/ 82

2. 国内外城轨交通发展概况　　　/ 84

3. 为城市选择合适的轨道交通　　/ 86

4. 地下铁道　　　　　　　　　　/ 88

5. 城市轻轨　　　　　　　　　　/ 90

6. 现代有轨电车　　　　　　　　/ 92

7. 独轨交通　　　　　　　　　　/ 94

8. 市郊铁路　　　　　　　　　　/ 96

9. 自动导轨交通　　　　　　　　/ 98

10. 城轨交通的安全防灾　　　　 / 100

六

重载铁路——钢铁巨龙震撼人心　102

1. 让我们认识重载列车　　　　　/ 102

2. 影响铁路重载的基础工程　　　/ 104

3．重载机车新技术不同凡响　　／ 106

4．重载车辆技术推陈出新　　／ 108

5．重载列车的制动技术　　／ 110

6．重载机车同步操纵与遥控技术　／ 112

7．重载铁路的装卸车站　　／ 114

8．重载铁路的养护维修　　／ 116

9．重载铁路的调度集中指挥　　／ 118

10．大秦铁路的辉煌成就　　／ 120

七

雪域神迹——高原冻土铁路奇迹　　122

1．青藏铁路从构想到现实　　／ 122

2．在高原上修建铁路的真正难题　　／ 124

3．解决高原冻土区筑路的几大法宝　　／ 126

4．谁是雪域高原上的大力士　　／ 128

5．奇妙独特的高原有氧客车　　／ 130

6．青藏铁路GSM-R通信系统　　／ 132

7．将环保防灾放首位的高原铁路　　／ 134

8．青藏铁路创纪录的重点工程　　／ 136

9．青藏铁路的防沙防雪技术　　／ 138

10．青藏铁路的应急救援系统　　／ 140

八

铁路集运——集装运输快捷高效　142

1. 铁路集装运输的优势　　　　　　　/ 142
2. 国际集装运输突飞猛进　　　　　　/ 144
3. 功能各异的铁路集装箱　　　　　　/ 146
4. 集装箱的运载工具　　　　　　　　/ 148
5. 铁路集装箱的办理工厂　　　　　　/ 150
6. 铁路集装箱的装载机械　　　　　　/ 152
7. 铁路集装箱的运输组织　　　　　　/ 154
8. 铁路集装化运输的特点　　　　　　/ 156
9. 种类繁多的集装化器具　　　　　　/ 158
10. 国际集装箱联合运输　　　　　　　/ 160

九

铁路轮渡——陆港联运再创辉煌　162

1. 为什么要修建铁路轮渡　　　　　　/ 162
2. 铁路轮渡从历史中走来　　　　　　/ 164
3. 构成铁路轮渡的四大部件　　　　　/ 166
4. 铁路轮渡的作业流程　　　　　　　/ 168
5. 铁路轮渡车站　　　　　　　　　　/ 170
6. 铁路轮渡栈桥　　　　　　　　　　/ 172
7. 铁路轮渡船舶　　　　　　　　　　/ 174
8. 铁路轮渡港口　　　　　　　　　　/ 176
9. 铁路轮渡的安全监控　　　　　　　/ 178
10. 渤海明珠——烟大铁路轮渡工程　　/ 180

十

铁路车站——功能各异多姿多彩　　182

1．你所不知道的车站类型　　/ 182

2．编组站　　/ 184

3．驼峰及自动化调速系统　　/ 186

4．铁路客运站　　/ 188

5．铁路客站的换乘　　/ 190

6．铁路客站实例：天津西站综合交通枢纽　　/ 192

7．货运站与货场　　/ 194

8．工业站　　/ 196

9．换装站　　/ 198

10．港湾站　　/ 200

后记　　/ 202

一　回首沧桑
——铁路发展百年历程

1
铁路——第二次工业革命的宠儿

开始于19世纪的第二次工业革命是以运输业的重大变革为标志的，而运输业重大变革的产物就是铁路。在此之前，几千年间运输方式的长期停滞，使得人类文明总不能突破时间和地域的限制，无法在运输速度与运输能力上取得开拓性的进步。直到1776年，英国发明家瓦特改良并制造了世界上第一台实用新型蒸汽机，这才为铁路的诞生打下了基础。又过了50年，世界上第一条商业运营铁路在英国的斯托克顿至达林顿间建成，开启了一个崭新的时代，那一年是1825年，这条铁路由"火车之父"斯蒂芬孙主持建造。不过，运行在这条铁路上的火车，最初的车速每小时才4.5千米，后来提速到24千米，仅仅相当于目前自行车的速度。那时候的火车速度虽然低，但是却有一个其他运输方式无法比拟的优势，那就是运输能力成倍提高。就拿斯托克顿至达林顿这条铁路来看，火车由12节货车和22节客车组成，可以搭载乘客450人，载货上百吨，相当于100辆马车的运输能力。铁路的这种巨大优势，给全世界带来了不可估量的影响，此后铁路不断修建，线路不断增长，构成了庞大便利的交通网络，称霸全球一百多年。

后来，公路运输、航空运输、管道运输等更多新兴的交通运输方式相继出现，并

蒸汽机车发明人斯蒂芬孙 △

源源不断地加入到运输业的竞争行列。而铁路却一百多年来科技更新缓慢、技术几近停滞，在这些新生交通工具的冲击下毫无还手之力，最终一败涂地，铁路发展进入了长期的停滞和衰退期。仅美国一地，就曾经拆除过十几万千米的铁路。

公路运输的兴起是以20世纪初的汽车发明为标志，因其方便快捷、货物运输可以实现"门到门"服务，所以受到用户的热烈追捧。所谓"门到门"服务就是汽车可以从货主的家门口拉上货物，再运输到指定的卸货地点，不需要中间换装，这就大大节省了运输时间和运输成本。直到今天，公路运输依然是铁路运输的劲敌。

而航空运输是以20世纪上半叶飞机的发明为标志的，这种运输方式最大的竞争优势就是速度。迄今为止，在500千米以上的长途旅客运输中，飞机仍然雄踞霸主地位，但是500千米以下的中短途的旅客运输市场已经让高速铁路瓜分了不少。

管道运输一般用于液体和气体货物运输。比如石油和天然气的运输，采取这种方式安全快捷，一次性投资很高，但是运营成本较低。

管道运输 △

上述三种交通方式，公路和航空与铁路的竞争较激烈。因此，如何让铁路这个夕阳产业转变成朝阳产业，并在严酷的竞争中立足，成了世界铁路工作者的一项重要任务。

那么，铁路技术往哪个方向发展，才能同竞争对手抗衡呢？归纳起来，铁路的一个发展方向是重载，另一个发展方向就是高速。通俗地说，就是"多拉快跑"。只要解决了这两个技术问题，铁路行业就能立于不败之地。

这就是近五十年来，世界铁路工作者一直孜孜不倦为之努力奋斗的方向，这两个技术进步，终于彻底扭转了乾坤，让百年铁路重新崛起，再次傲视天下。

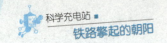

2
重载铁路——巨龙咆哮在高山深谷

1825年，英国修建了世界上第一条商业运营的铁路，列车的运输能力相当于100辆马车，换算一下，也就是能拉100吨左右的货物。如今，一辆普通汽车的净载重约为5~20吨，拉煤的卡玛斯专用汽车每辆的载重量可以达到80~100吨。但相比重载铁路的运输量，还是小巫见大巫。以大同至秦皇岛运煤铁路为例，每节敞车的净载重为80吨，一列火车可以运煤1万~2万吨，相当于100~200辆卡玛斯汽车的载重量。可见，铁路的"多拉"是一个巨大的竞争优势，其他任何运输方式都难以望其项背。

铁路的载重量如此重要，这就激发了世界各国研究重载铁路的热潮。从20世纪50年代开始，重载铁路的研究开始启动。花了10年左右的时间，像美国、澳大利亚、加拿大等国土面积广阔、生产力发达的国家，将重载铁路技术提升到一个新台阶。又过了20年时间，科技一日千里，新材料、新工艺、电子信息技术突飞猛进，让重载铁路运输有了长足的发展。

提高列车载重量，体现了铁路重载运输技术发展水平。重载运输发展四十多年来，世界列车牵引重量不断刷新纪录。1967年10月，美国诺克福西方铁路公司在韦尔什至朴次茅斯间开行编组500辆、由6台内燃机

国外重载铁路 △

车牵引、全长6 500米、总重44 066吨的重载列车。1989年8月，南非铁路在锡申至萨尔达尼亚间开行编组660辆、由16台内燃机车牵引、总长7 200米、总重71 600吨的重载列车。1996年5月，澳大利亚在纽曼山至海德兰铁路线上，开行了540辆货车编组的重载列车，由10台Dash 8型内燃机车牵引，列车总长5 892米，总重达72 191吨。五年以后，澳大利亚在同一条铁路线上开行了682辆货车编组、由8台AC 6000型机车牵引、列车总长7 353米、总重达99 734吨的重载列车，创造了世界上最长、最重列车的新纪录。

中国重载铁路的研究是从20世纪80年代开始的，最初在既有的丰台至沙城铁路上尝试开行重载组合列车，每列火车的载重量为5 000~7 000吨。重载列车的运输组织方式采取了"五固定"模式，即固定机车、固定车底、固定到发站、固定运行线、固定货物品类（比如煤炭），进行循环拉运。所谓固定机车，就是重载列车的牵引机车只负责拉某个特定的列车；固定车底，就是拉煤的货车不能作他用；固定到发站很重要，必须明确列车的装车站和卸车站；固定运行线就是重载运输必须有专用线路，不能和其他类型的火车混跑；循环拉运是一种高效率的组织方式，重载列车从装车点出发，到了卸车点卸车后，原空车返回，再循环装车运输，中间不进行解体和编组作业。

1992年大秦铁路开通运营，标志着我国第一条专用的重载运煤铁路投入使用。经过二十多年的发展和改扩建，大秦铁路现在可开行2万吨重载单元列车，每年运煤超过了4亿吨。

中国重载铁路 △

3

高速铁路——让火车实现陆地飞行

一百多年前的晚清时代，从天津到北京，短短一百多千米的路程也只能乘坐马车行进，加上沿途住宿，大约需要一到两天时间。如今天津的河西务镇，就是当年的津门首驿，来往北京的旅客一般都在这里歇脚。在我国铁路进行六次大提速之前，相同的距离乘坐火车需要三个小时左右，既有铁路六次大提速之后，时间缩短到了两个小时。如今，乘坐铁路"绿皮"客车从天津到北京的时间是两个多小时，相当于城际大巴运行时间。到了2008年8月，中国第一条真正意义上的高铁——京津城际铁路开通运营，天津到北京的时间只需要30分钟。2011年6月30日，世界上第一条一次建成里程最长、标准最高的京沪高速铁路开通运营，北京到上海1 318千米的距离，旅行时间可以缩短到5个小时，这在以前是不可想象的。铁路高速改变了中国，也产生了强烈的"同城效应"。

铁路发展的最初一百多年，火车运营速度一直徘徊在每小时40千米左右，甚至在1997年中国进行既有铁路大提速之前，客运列车的最高运行速度每小时也不超过120千米，货车的最高运行速度每小时不超过80千米，极大限制了铁路运输能力的发挥。我国经过连续六次既有铁路提速改造，客车的运行速度从每小时100千米提高到了160千米，进而提高到了170千米、200千米，直到250千米。客车运行速度若超过250千米/小时，就必须修建客运专线，也就是我们俗称的高速铁路。在国外，也有通过改造既有铁路开行高速列车的国家，但是这并不符合中国国情。我国的铁路发展战略方向就是"客货分线"运行，因此修建高速客运专线是必然的选择。

谈起我们熟悉的高铁，在2008年之前，在中国还只是梦想。但是早在20世纪60年代，日本就开通了世界上第一条高速铁路——东海道新干线，衔接东京与大阪两座现代化城市，运营速度每小时200千米，至今已经安全运行了50年。除了日本之外，德国和法国的高速铁路技术也走在世界前列。总而言之，日本、法国和德国是高速铁路研发制造的三巨头。要论铁路客车最高速度纪录，其保持者一直是法国。在1990年5月18日，法国的TGV高速列车的试验速度达到515.3千米/小时，保持纪录17年后，法国终于打破了自己创造的纪录，达到了史无前例的574.8千米/小时，基本上已经接近高铁轮轨技术的极限。如果高铁的运营速度超过每小时500千米，就需要采用磁悬浮以及真空管道等新型的交通运输方式。

高铁创造试验速度是为了挑战技术极限，获取各种宝贵的数据，在真正运营之时，则不能采用试验速度，必须百分之百考虑到乘客的安全，采取最佳的速度匹配方案。如今，世界上最高的运营速度是由中国创造的，达到了350千米/小时。而法国为320千米/小时，日本和德国仅为300千米/小时。中国高铁建设虽然起步较晚，但是不鸣则已，一鸣惊人。我国铁路科技人员通过辛勤的劳动，站在巨人的肩膀上奋发图强，并超越了自己的老师，我们确实应该感到由衷的骄傲和自豪。即使曾经遇到坎坷，甚至面临灭顶之灾，中国高铁还是挺了过来，继续开拓自己的辉煌之路。

中国的高铁梦，终于在我们这代人手中实现了。

高速动车组 △

4

龙旗下的铁路发展史

世界上两次工业革命，并未对当时夜郎自大的清政府产生任何影响，常年的闭关锁国和愚民政策，让中国失去了绝好的发展机会。直到1840年第一次鸦片战争，四千多名全副武装的英军打败了曾经不可一世的天朝大国，中国的门户终于被迫打开，开始了一百多年的屈辱历程。各国列强想要瓜分中国，贪婪地攫取在华利益，首先就要修建铁路。第一次鸦片战争25年后，也就是1865年，一个叫杜兰德的英国商人在北京宣武门外修建了一条长约1里（500米）的小铁路，这只是一次游乐展览尝试，基本没产生任何影响，很快便被清政府派人拆除了。

清政府对各国列强在中国修建铁路持完全的反对态度，他们愚顽的脑瓜无法接受这些新生事物。铁路的老祖宗英国人在百般劝说无效之下，于1876年采取欺诈手段在上海修建了吴淞（从上海到吴淞口）铁路，全长15千米，轨距762毫米，每米钢轨重13千克，牵引蒸汽机车为"天朝号"，这是中国有史以来第一条投入运营的铁路，也是帝国列强在中国领土上用欺诈手段修建的一条铁路。不过，运营没多久，吴淞铁路因压死一名百姓，清政府借机向英使馆施压，铁路被迫停运。经过中英多次交涉，清政府用28万两白银将铁路赎回、拆毁，这条铁路才寿终正寝。

到了19世纪80年代初，清政府为了开发唐山开平煤矿，责成洋务派自

唐胥铁路通车 △

主修建唐山至胥各庄铁路，全长9.7千米，采用1 435毫米的标准轨距，每米钢轨重15千克，于1881年建成通车。这段铁路是唐山铁路枢纽七滦线的一部分，至今仍发挥着作用。1881年11月18日，中国早期制造的机车"火箭号"投入唐胥铁路运营，机车由总工程师英国人金达监

中国"火箭号"机车 △

造，采用锅炉废旧配件拼接而成，造型怪异，时速只有5千米/小时。

在唐胥铁路开通不久，脑筋顽固的清廷官员便认为铁路产生的巨大震动会破坏清东陵的龙脉，便从中阻挠。据传，慈禧太后因此下旨，改由马拉火车。经过五年时间，清政府成立了开平铁路公司，这才收购唐胥铁路，并延伸到天津芦台。

唐胥铁路开启了清朝修建铁路的先河。到了1887年，首任台湾巡抚刘铭传奉命在台湾省修建铁路。铁路以台北为起点，东至基隆，西南至新竹，耗时六年，全长107千米，采用1 067毫米的轨距，每米钢轨重18千克。1894年，湖广总督张之洞主持修建了大冶铁路，主要是为了外运大冶矿石供应汉阳铁厂的需要。而汉阳则是当年的枪炮制造基地。

时间很快进入20世纪，"庚子赔款留学生"詹天佑从耶鲁大学学成归来。1905年，在外国工程师的冷嘲热讽之下，詹天佑主持修建了中国第一条完全自主、没有技术外援的京张铁路。他克服千难万险，历时五年，方得成功。京张铁路振奋了中国人的士气和精神，让外国专家刮目相看，在中国铁路建设史上具有重大意义，并于2013年获得"FIDIC全球百年优秀工程奖"。这条令国人自豪的铁路一直服役到1955年，直到丰台至沙城的铁路建成，才取而代之。

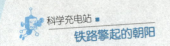
5 列强蹂躏下的中国铁路

　　1894年的甲午战争是一个转折点，千百年来一直向天朝大国俯首学习的日本，经过三十多年的明治维新，终于成为现代化强国。甲午战争彻底改变了中国的历史进程，日本打败了清帝国，就像曾经的绵羊打败了狮子，从此中国进入了漫长的被奴役、被欺压的半殖民地时代。从1894年至1948年，这半个多世纪的时间里，中国铁路的建设不但陷入了停滞期，而且有一万多千米的铁路修建权全部被列强瓜分殆尽。

　　帝国列强在中国一共掀起过两次争夺铁路路权的高潮。第一次就是甲午战争之后，清政府割地赔款，出售铁路修筑权来还债。第二次就是1911年辛亥革命胜利后，北洋政府统一路政，将全国私营铁路公司解散收归国有，再将铁路修筑权卖给各个国家以抵债。从1894年开始，俄国在东北修建了东省铁路，法国在云南修建了滇越铁路，德国在山东修建了胶济铁路，日本在东北修建了安奉铁路并同时攫取了南满铁路的运营权。一时间，豺狼当道，猛虎横行。

　　帝国列强除了强行在中国修建铁路之外，还通过贷款方式控制中国

京汉铁路 △

的铁路大动脉。例如俄国、法国和比利时控制了南北大动脉中的京汉铁路（北京至汉口），美国控制了粤汉铁路（汉口至广州），法国控制了正太铁路（正定到太原），英国和俄国控制了京奉铁路（北京至沈阳）、英国政府自己把持了沪宁铁路（南京至上

津浦铁路 △

海）、英国和德国控制了津浦铁路（天津至上海）。除此之外，还有其他大大小小的铁路都被外国政府把控，中国赖以生存的铁路完全成了各国列强在华攫取利益的工具，令人愤怒而又悲叹。

我们用几组数据来看一下从清朝至新中国成立之前，中国铁路的建设情况。

在清政府时期（1876—1911）共修建铁路约9 400千米。其中各国列强直接修建经营的约占41%，通过贷款控制的约占39%，清政府控制的铁路仅占20%左右。

北洋政府统治时期（1912—1927），在关内修了约2 100千米铁路，在东北修了约1 800千米铁路，多数是日本帝国主义采用借款、垫款或合办等方式修建和控制的，还有一些是官商合办的铁路。

从1928年到1937年国民政府统治时期，以官僚买办资本与帝国主义垄断资本合资方式修建铁路，从而出现了帝国主义掠夺中国路权的第三次高潮。十年间，在关内修建了约3 600千米铁路，在东北以官商合营的方式修建约900千米铁路。从1937年到1945年抗日战争期间，在西南、西北修建约1 900千米铁路。从1931年到1945年，日本侵略者在东北共修建了5 700千米铁路；在华北、华中和华南的占领区修建了约900千米铁路。

综上所述，在新中国成立之前，中国国土之上共修建铁路约25 523千米。这就是旧中国留给后人的可怜的铁路遗产。

6 詹天佑——一座不朽的丰碑

要回溯中国铁路的发展史，有一座丰碑是不可能被忘记的，那就是"近代中国铁路之父"詹天佑。詹天佑所做的开天辟地的贡献，使得中国的铁路建设完全走出了西方列强技术垄断的阴影，凭着自己的实力，克服重重困难，打通了一条令人振奋的自主自强的铁路建设之路。

由于铁路最早在英国发端，因此英吉利筑路工程师的技术水平当年独步天下，一直引领技术潮流，其他各帝国主义国家的筑路技术也都远在清政府之上。毋庸讳言，如果没有詹天佑的力挽狂澜和一飞冲天，中国近代铁路发展之路将会倍加曲折。詹天佑以一人之力就将清政府从列强的技术垄断中挣脱了出来，这当然还要归功于他是最早的那批借助庚子赔款的留美幼童。

詹天佑 △

詹天佑1861年出生于广东南海县，卒于1919年，是中国近代铁路的奠基人、中国铁路之父。他原籍江西婺源县，出生于广东南海，12岁考取官费生留学美国，后进耶鲁大学土木工程系学习铁道工程，20岁之时以全班第一的优异成绩毕业并获学士学位。回国之后，因清政府对修建铁路一直排斥，詹天佑英雄无用武之地，后改学海船驾驶，又以第一名的成绩毕业，随后在"扬武"舰上服役并担任福建船政学堂英文教师。1884年经历中法战争。美国归来7年以后，詹天佑才辗转来到由李鸿章经营、外国势力控制的中国铁路公司，成为中国第一个铁路工程师。他参加修建天津至塘沽铁路并圆满完成工作，随后又参与天津至山海关铁路的修建工作。

詹天佑人生的第一次闪光是由津山线（天津至山海关）跨越滦河大桥完成的。因滦河水流湍急，河床泥沙沉积过厚，大桥修建遇到了技术上的困难，英国、日本、德国工程师都相继失败。当时还毫无名气的詹天佑勇挑重担，确定了新的建设方案，采取气压沉箱法建造桥墩圆满解决了大桥修建问题，詹天佑因此成名。

修建著名的京张铁路，是詹天佑事业生涯的最高峰。但是在詹天佑达到他事业顶峰之前，他从不放过任何机会，通过各种实战积累经验，提高技术水平，来为自己将来的伟大事业打下基础。

1902年，在慈禧太后的授权之下，清政府任命詹天佑为总工程师，修建一条专供皇室祭祖用的新易铁路（高碑店至易县）。在此之前，因为铁路修建都是由外国人担任总工程师，他们在填筑完路基之后，要自然沉降一年以上才开始铺轨，建设周期很长。詹天佑完全摈弃了这种限制，路基填筑过程中实施人工干预，用重型机械碾压路基达到设计标准，大大缩短了建设周期，仅用四个月的时间，以极省的费用就将铁路建成并通车，得到了慈禧太后的嘉奖，为后来京张铁路的修建铺设了一条光明之路。

京张铁路的修建历史已经是耳熟能详，但是，我们可以总结一下詹天佑在修建这条铁路时创下的多个第一。京张铁路是中国第一条由中国人自主设计、自主修建、不需任何外援的一级干线铁路，全长197.1千米。京张铁路是第一条创造性地采用"人"字形线路，以不大于33.3‰的坡度进行展线以顺应陡坡地形的铁路，采用的坡度之大创造了纪录。京张铁路的八达岭隧道是中国第一条人工开挖的长大隧道，全长1 091.18米。京张铁路的修建第一次打破了外国人垄断修建中国铁路的局面，使其成为在当时条件下经济合理的铁路线。

詹天佑对中国铁路事业做出的巨大贡献，将永远被世人所铭记。

京张铁路青龙桥车站 △

7

从两万到十万，敢教日月换新天

新中国成立之前，神州版图上只有22 523千米铁路线，且技术落后、破败不堪。因此，从1949年至1952年，中国第一任铁道部长滕代远走马上任后，开始了对既有铁路进行全面修复，同时也开始了大规模的新线建设工作。仅1949年一年共抢修恢复了8 278千米铁路。到1949年底，全国铁路营业里程共达21 810千米。到1952年底，全国铁路营业里程增加到22 876千米。

从1953年至1978年的25年时间，是中国铁路骨干网形成的关键时期。从1953年开始，国家开始实施国民经济发展五年计划，铁路迎来了快速发展的良机，"文化大革命"期间，铁路修建的步伐虽然放缓，但是也未曾终止。到1980年底，铁路运营里程达49 940千米，全国铁路网骨架基本形成。

自1978年中共十一届三中全会以来，国家全面实行改革开放政策，将工作重心放到经济建设上来，铁路再次迎来了发展的黄金机遇。为了满足国民经济不断发

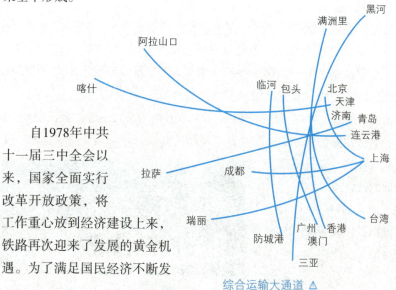

综合运输大通道 △

展的需要，国家对铁路的建设规划提出"北战大秦，南攻衡广，中取华东"的战略。到1985年底，全国铁路运营里程达52 119千米，客货换算周转量突破1万亿吨千米。截至2013年底，我国铁路运营里程达到10.23万千米，其中高铁运营里程为11 152千米，在建高铁里程约9 000千米。

根据中长期铁路网规划，预计到2015年，铁路运营里程将达到12万千米，并且形成综合运输大通道的布局，而铁路也是这个交通大通道的重要组成部分。综合运输大通道主要包括五纵、五横综合运输大通道和国际运输大通道。其中，五纵大通道包括南北沿海、京沪、满洲里至港澳台、包头至广州、临河至防城港等运输大通道。五横大通道包括西北北部出海、青岛至拉萨、陆桥运输、沿江运输、上海至瑞丽运输大通道。而国际运输大通道包括东北亚国际运输通道、中亚国际运输通道、南亚国际运输通道与东南亚国际运输通道。

在中长期铁路网规划中，客运规划占了重要地位，预计到2015年末，需建设客运专线1.2万千米以上，形成"四纵"和"四横"客运专线骨干网布局。

"四纵"客运专线包括：北京—南京—上海客运专线，贯通京津至长江三角洲东部沿海经济发达地区；北京—武汉—广州—深圳客运专线，连接华北和华南地区；北京—沈阳—哈尔滨（大连）客运专线，连接华北和东北地区；杭州—宁波—福州—深圳客运专线，连接长江三角洲、珠江三角洲和东南沿海地区。

"四横"客运专线包括：徐州—郑州—西安—兰州客运专线，连接华东和西北地区；上海—杭州—南昌—长沙—贵阳—昆明客运专线，连接华东、华中和西南地区；青岛—石家庄—太原客运专线，连接华东和华北地区；上海—武汉—重庆—成都客运专线，连接西南和华东地区。

从两万到十万，敢教日月换新天。

高铁建设架桥 △

8
回望蒸汽机车的历史背影

从1801年英国诞生第一台蒸汽机车起，铁路留给人们最深的印象就是咆哮怒吼的蒸汽机车牵引着列车车厢，铿锵奔驰在原野与高山之间。而蒸汽机车在一百多年的漫长岁月里，充当了铁路形象的代言人角色。很多人对铁路的迷恋，就是对钢铁的迷恋、对力量的迷恋以及对自己敬畏的大机器的迷恋。随着内燃机车和电力机车的兴起，蒸汽机车因其效率低下和速度限制逐渐被淘汰。中国直到2005年12月，在集通铁路公司大阪机务段，最后一台蒸汽机车才退出历史舞台。从此之后，除了集通铁路因为摄影爱好者的需要，每天象征性开行两对蒸汽机车外，中国版图之上，蒸汽机车已经难觅踪迹，取而代之的是效率更高、速度更快的内燃和电力机车。

蒸汽机车 △

回顾铁路发展历史，蒸汽机车占据了整个铁路发展史的70%的时间，影响可谓深远。而蒸汽机车存在的时间越长，越表明了铁路技术的进步在很长时间内是非常缓慢的，甚至是停滞的，最主要的原因就是一枝独秀、缺乏竞争。

当我们现在乘坐在时速300千米的高速列车上，享受陆地飞行的快感之时，回首蒸汽机车那高大沧桑的历史背影，是否也会产生诸多感慨？谈起蒸汽机车，就需要了解一下它的工作原理。蒸汽机车是利用蒸汽机，把煤炭的化学能变成热能，再变成机械能，从而使机车运行的一种火车机车。在200年前，英国人史蒂芬孙发明了第一台能够商业运营的蒸汽机车，从此，世界各国便因为交通提速而进入了快速发展时期，蒸汽机车成为这个时代文化和社会进步的重要标志和关键工具。

一般而言，蒸汽机是靠蒸汽的膨胀作用来做功，蒸汽机车的工作原理与此相同。当司炉把煤填入炉膛后，煤在燃烧过程中，蕴藏的化学能就转变成热能，把机车锅炉中的水加热、汽化，形成400℃以上的过热蒸汽，再进入蒸汽机膨胀做功，推动汽机活塞往复运动，活塞通过连杆、摇杆，将往复直线运动变为车轮圆周运动，带动机车动轮旋转，从而牵引列车前进。因此蒸汽机车必备的三大部件就是锅炉、汽机和传动走行系统，由于蒸汽机车需要大量用煤用水，所以它庞大身躯的1/3是自带干粮的煤水车。

蒸汽机车热效率很低，锅炉的燃烧效率一般为50%~80%。蒸汽在汽机内做功，汽机效率只有10%~15%。在汽机到车轮传递力的过程中，机械效率为80%~95%。因此蒸汽机车的最高热效率只有8%~9%，考虑到在车站停车、在机务段整备、停留等仍需消耗燃料，蒸汽机车实际热效率只有5%~7%，有至少93%的能量被浪费了，属于效率极低、燃料浪费极大的机器设备。蒸汽机车的效率低，就决定了其速度不可能快，我国制造的前进型、人民型、胜利型等蒸汽机车，其设计时速一般为80~85千米。除了效率低、速度慢，蒸汽机车还产生大量的废气，也是污染环境的罪魁祸首。可以这么说，铁路留给人们的脏乱差等不好印象，很多原因可归罪于蒸汽机车。

英雄也会老去。即使蒸汽机车称霸全球百余年，在新技术的推陈出新中，它不免寂寥远去，只留给我们一个落寞沧桑的背影。

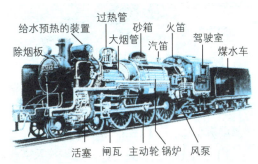

蒸汽机车结构 △

17

9
蒸汽时代到电力时代的过渡品

在20世纪初，随着汽车工业迅速崛起，带动了内燃机技术的不断改进和提高。国外铁路的有识之士，预见了内燃机将会为铁路带来巨大的变革。因此几乎和汽车工业同步，铁路内燃机车的研制工作便如火如荼地展开。在20世纪20年代，苏联和美国率先开始研制内燃机车，到了30年代，投入运营的内燃机车已经在铁路线上开始奔驰。一直到今天，内燃机车的技术依旧在不断提高和改进，新型高效的车型不断推出，令人目不暇接。我国是在1958年才开始着手内燃机车的研发，比国外晚了34年，但是后来居上，取得了瞩目的成就。

美国ND5型内燃机车 △

内燃机车利用内燃机作为原动力，通过传动装置驱动车轮运转。根据机车上内燃机的种类，可分为柴油机车和燃气轮机车。燃气轮机车在耐高温材料与噪声控制等方面都不尽人意，所以一直没有形成产业规模，使得利用柴油机作为驱动的内燃机车成了主流。内燃机车的工作原理是燃油在气缸内燃烧，将热能转换为由柴油机曲轴输出的机械能，通过传动装置转换为适合机车牵引特性要求的机械能，再通过走行部驱动机车动轮在轨道上转动。

内燃机车虽然种类多样，但组成及工作原理基本相同，都是由柴油机、传动装置、走行部、车体车架、车钩缓冲装置、制动系统及辅助装置构成。内燃机车根据传动方式的不同，可分为电力传动和液力传动两种。著名的电力传动内燃机车品牌就是"东风（DF）"系列，著名的液力传动内燃机车品牌是"北京"系列和"东方红"系列。

内燃机车相比蒸汽机车而言，燃料从煤炭变成了燃油，因为燃油都是经过精炼的产品，纯度较高，其燃烧效率要比天然的煤块高得多，这就意味着内燃机车的设计速度也远非蒸汽机车能比，我国制造的内燃机车设计时速一般为100~140千米，最高设计时速170千米，是蒸汽机车的1.7倍及以上。除了速度快之外，内燃机车对环境的污染也大大降低了。内燃机车因为比蒸汽机车效率高、速度快，且以柴油为燃料，不像电力机车需要外部供电才能运转，这就让它的使用灵活性大大增加。在2008年冬天我国南方那场罕见的雪灾中，电力机车因为电网瘫痪而全部停滞，此时，内燃机车派上了大用场，它们奔驰在由北往南的铁路线上，为灾区输送了大量物资，为救灾提供了强大的物质保障。在战争时期，内燃机车也会比电力机车更管用，原因不言自明。

但是，不管内燃机车自身有多少优点，它的存在也只是蒸汽时代到电力时代的过渡品。最主要的原因，一个是环境污染，一个是自带燃料限制，还有一个就是速度限制。内燃机车的燃油燃烧效率再高，也会对环境产生影响；内燃机车携带的柴油再多，也会用完；内燃机车的设计速度再快，也和电力牵引、设计时速高达350~500千米的高速动车组无法抗衡。当然，国外也研制出了速度很高的内燃机车，但并非主流。

在环保与速度的较量中，内燃机车不得不甘拜下风。

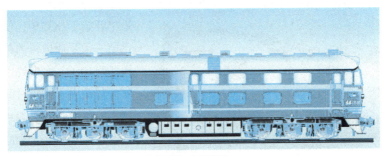

"东风"内燃机车 △

10 电力牵引——铁路机车中的耀眼明星

　　当你坐在干净宽敞的列车上，透过窗户看外面的风景，随着列车飞驰，你的视线会被一根又一根快速闪过的混凝土柱子所干扰。不要抱怨，也不要惊讶，这些柱子很重要，它们就是为列车提供电力、让火车跑得更快的接触网的支柱。接触网支柱顶端向内伸出一个支架，供电线就悬挂固定在上面。电力机车车身顶部的头尾两端，各有一个能升降的弓形设备，俗称受电弓。在火车运行的过程中，受电弓与供电线持续接触，电流便源源不断地输送给机车，再通过一系列转换设备，将电能转变成机械能，驱动机车前进。世界各国电力牵引采用的电压都不尽相同，我国采用的一般为交流27.5千伏，地铁和轻轨电力牵引采用的电压一般为直流750V或者1500V。

　　用电力驱动机车运行，是电力机车最显著的特点。由于机车自己不携带能源，所以机车自重可以更轻；因为不需要消耗燃料，所以机车不产生任何有害气体，清洁环保；由于电力供应可以源源不断，通过不断提高机车的构造性能，其设计速度会越来越快。而高速动车组，就是电力牵引创造高速的佼佼者。

　　电力机车性能如此优越，各国研制的时间基本上与蒸汽机车同步，最早开始于1835年，仅仅比第一条开通运营的英国铁路晚10年，而最终发展壮大却花去了50年时间，这不能不说是受电力系统技术发展限制所造成的。

　　电力机车所需电能由

德国电力机车 △

电气化铁路供电系统的接触网供给，是一种非自带能源的机车，由机械部分、电气部分和空气管路系统三部分组成，具有功率大、牵引力大、爬坡能力强、运行速度快、整备作业时间短、维修量少、运营费用低、能采用再生制动以及节约能量等优点，可以大幅度提高铁路的运输能力和通过能力。同时，电力牵引的旅客列车，还可为客车空气调节和电热取暖提供便利条件。

我国从1958年开始研制电力机车，基本上与内燃机车研制同步进行，最著名的品牌当属"韶山（SS）"系列以及"和谐"系列电力机车（HXD），俗称"大功率机车"。随着研发技术的提高，电力牵引机车朝两个不同的方向发展，一个方向是重载电力机车，另一个方向是客运电力机车。前一个要求牵引力要大，后一个要求牵引速度要快。我国研发的电力机车，其设计速度最低为100千米/小时，最高为240千米/小时。

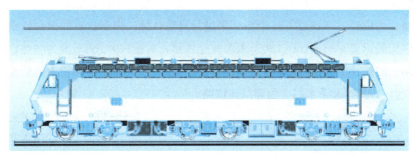

韶山型电力机车 △

由于电力机车性能优越，其应用越来越广泛。如今，我国新建的铁路线大都是采用电力牵引，只有少部分内燃牵引。而既有内燃牵引的铁路，也不断改造为电气化铁路。但是若修建电气化铁路，前期投资比蒸汽和内燃牵引要大得多，最主要的原因，就是电力机车依赖外部电力供应，需要修建配套的供电系统和牵引变电系统。同时，电力机车受外部环境影响特别大，一旦外部断电，机车就会彻底瘫痪。

但是，瑕不掩瑜，电力机车的优点要远大于它的缺点，而中国的铁路需要重载和高速并行前进，电力机车终归还是时代的宠儿。

二　普速铁路
——客货混用钢铁动脉

1
普速铁路的身份证明

　　我们大家耳熟能详的铁路，一般都是列车运行速度比较低的普通铁路。中国高铁的出现，距今才六年多时间。要区分普速铁路与高速铁路，可以通过"速度"这个指标来进行身份认证。根据权威的国际铁路联盟的定义，时速100~120千米为普速铁路；时速120~160千米为中速铁路；时速160~200千米为准高速或者快速铁路；时速200~400千米为高速铁路；时速400千米以上为超高速铁路。

△ 货运列车

　　普速铁路因为对列车速度的限制，使得客车和货车可以在上面混跑。也是因为速度的限制，使得普速铁路大部分时间都在运行货车，而客车成了见缝插针的机灵鬼；因为速度限制，客车就像被裹了足，慢慢腾腾跑了一百多年，乘客的大部分时间就消耗在漫长的旅途中了。在1997年铁路大提速之前，我国的火车运行速度一直徘徊在每小时45千米左右，比汽车的速度还慢，根本体现不出铁路的巨大威力。由此可知，突破速度限制，是一件关乎民生的大事。

但是，不管普速铁路有多少缺点，它还是占据了国家铁路网的绝大部分份额。截至2010年底，我国的铁路运营里程达到了9.1万千米，其中高速铁路占了约9 000千米，大秦重载铁路占了约650千米，还有8万多千米是普速铁路，占据了整个铁路网的90%。

普速客车 △

另外，不管高铁还是重载铁路，组成它们的重要元件和普速铁路大同小异。高速和重载铁路都是站在普速铁路这个巨人的肩膀上发展起来的。那么，组成铁路的重要元件都有哪些呢？也就是火车是如何在铁路上畅通无阻地安全运行的呢？

组成铁路的重要元件就是铁路设施。这些设施一般包括线上和线下两大部分。其中线下设施是基础，线上设施是保障。所谓线下设施，主要包括铁路线路、轨道（含道岔）、路基、桥梁、隧道、涵洞、车站、给排水、环保设施等，大都属于土木工程领域。线上设施一般包括铁路机车、车辆、通信信号、电力、信息化、牵引供电变电设施等（内燃和蒸汽牵引的铁路不包含这种设备，因为不需要外部供电）。线上设施大都属于成型产品。铁路的线下设施让列车能够按照预定的线路和方向运行，铁路的线上设施能够让列车安全跑起来。

回首铁路百年，普速铁路作为真正的客货混运的大动脉，已经为国家的发展做出了巨大贡献，承担了全国绝大部分的物资运输和大量旅客运输任务。那么就有必要详细分析一下，组成普速铁路的设施，是如何让列车畅通无阻的。

2 铁路路基——让铁路安全运行的基础设施

列车在铁轨上运行，就像汽车行驶在公路上。公路需要修建路基，上面铺设沥青或者混凝土路面，与此相似，铁路的两根钢轨也必须铺设在路基上才能保证发挥其功能。因此，路基是轨道的基础，直接承受轨道的重量，同时还承载运行其上的机车车辆传递下来的各种力，俗称荷载。因此，铁路路基是线下工程最主要的设施之一，必须保证它的强度和稳定性。铁路路基不是一个单独的设施，而是包括路基本体、路基防护和加固构筑物以及路基排水等设备，这些设施组合起来构建出整个铁路的路基工程。

普速铁路路基 △

铁路路基一般根据地形地质条件的不同，可分为土质路基和岩石路基，为了保证路基压实和稳定，所选的路基填料必须经过严格的试验检测，达到合格标准之后才能使用，不管哪种类型的路基，都不是随随便便用土堆砌起来的，而是按照严格的工艺流程进行填筑的。

铁路路基根据其填挖方式的不同可分为路堤和路堑。路堤采取正梯形截面，路堑采取倒梯形截面。除此之外，还有半路堤、半路堑式和不填不挖路基式。路堤一般位于填方地段，路堑一般用于挖方地段。所谓填方地段，指的是路基填筑的顶面高度必须高于自然地面，如果低于自然地面，就需要开挖土方，按照路堑样式进行修建。路堤的构成要素包括路基面、路基边坡、两侧护道和路基排水沟。路堑的构成要素包括路基面、路堑边坡、两边排水侧沟和截水沟等。路基面上面直接铺设道床和轨道，其宽度根据不同线路等级通过计算来确定。

路基采取分层填筑的方式，一般分为基床表层和基床底层。根据铁路等级的不同，路基的基床表层采用强度合格的填料进行填筑，基床底层的填料一般不受铁路等级的限制，但是必须满足最低限度的填料规格要求。

铁路路基填筑完成后，在上面铺设一定厚度的道砟，在道砟上面再铺轨道。不过，路基填筑完成之后，工程并未结束，一旦遇见狂风暴雨、大雪严寒等极端恶劣天气，铁路路基就会被流水侵蚀，冲出一道道沟壑，久而久之，路基本体就会被破坏，严重威胁铁路行车的安全。为了避免这种情况发生，就要对路基进行防护。防护措施多种多样，可以用片石，也可以用植被，最主要的作用就是保证路基的长期稳定。

路堤两侧的排水沟或者路堑两侧的侧沟，是为了将路基面的雨水快速排出。路基的排水除了需要快速排除表层的雨水之外，还要及时排除路基内部的地下水，地下水可以通过埋设在路基里面的渗沟和渗管排到路基外面。如果路基的排水问题不能解决，就会造成路基积水，路基内部被水泡软，夏天造成翻浆冒泥，冬天造成路基冻胀，使得路基的整体承载力大幅度下降，严重的时候会掏空路基、架空钢轨，造成车毁人亡的惨剧。

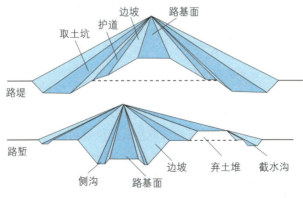

铁路路基结构 △

3
铁路桥梁——跨越江河的艺术品

对于桥梁，我们并不陌生，古代的能工巧匠们留下了无数值得纪念的桥梁，至今仍令人惊叹和膜拜，著名的赵州桥自不必说，元代的卢沟桥更是闻名遐迩。近代以来，中国公路、铁路桥梁修建了很多，但是很难将功劳归结到某个人身上。现在我们即使面对美轮美奂的桥梁建筑，在交口赞叹的同时，也不会去多问一句这是谁主持设计的。比如，南京长江大桥的设计者是谁？武汉长江大桥的建造者是谁？没有几个人知道答案。原因为何？除了要弘扬集体主义精神外，更重要的是铁路桥梁专业性太强，普通人不感兴趣，除了进入小学课本的桥梁大师茅以升之外，还会有谁关注那些深藏功与名的铁路桥梁专家呢？

铁路桥梁和路基一样，都是直接承载轨道的线下设施，是直接决定运输安全的重要构筑物，是体现设计者美学思想的集大成者，更是我们挑战自然、将人类的智慧蚀刻在神州大地上的艺术品。

铁路桥梁一般分桥面、桥跨结构、墩台及基础等三个组成部分。桥面上直接铺设道床轨道，

铁路桥梁结构 △

作用和路基面相同；桥跨结构让大桥能够跨越江河；墩台包括桥墩和桥台，是支撑桥跨结构的重要组件。桥台衔接桥梁和自然地面，桥墩设在江河之间，支撑桥跨结构。而无名英雄就是桥墩基础，深埋在水面以下十几米甚至几十米，如老牛负重，默默付出。

铁路桥梁千变万化，根据桥梁的长度可分为特大桥（桥长 $L \geqslant 500$

米）、大桥（100米≤L<500米）、中桥（20米≤L<100米）和小桥
（L<20米）四类。按照桥梁的结构可分为梁桥、拱桥、悬索桥、斜拉
桥。若以建造材料分类可分为钢桥、钢筋混凝土桥和石桥。根据跨越障
碍物的不同，分为跨越江河桥、跨越铁路线路桥与高架桥。其中拱桥根
据桥面与主拱的位置不同，可分为上承桥、中承桥和下承桥。

铁路桥梁采用最多的是梁式桥，可分为简支梁、连续梁和悬臂梁
桥。所谓简支梁是指梁的两端分别为铰支（固定）端与活动端的单跨梁
式桥。连续梁桥是指桥跨结构连续跨越两个以上桥孔的梁式桥。而在桥
墩上连续、在桥孔内中断，线路在桥孔内过渡到另一根梁上的称为悬臂
梁桥。在上述梁桥形式中，简支梁和连续梁在铁路中最常用，一般而
言，跨度不大，就采用厂家定制的标准简支梁，跨度大时就采用现浇连
续梁。

铁路桥梁专家茅以升先生在抗日战争期间主持建造的钱塘江特大桥
是中国第一座自己设计并建造的现代化大桥，毁于抗日战火，新中国成
立后又重建，意义重大。新中国成立之后，铁路桥梁建设也取得了令人
瞩目的成就。1968年建成的南京长江大桥已经成了一座丰碑，1994年建
成的京九铁路九江特大桥是除了武汉长江大桥和南京长江大桥之外的第
三大跨越长江的公路铁路两用桥。已经投入使用的京沪高铁南京大胜关
长江大桥，为6线铁路桥，全长9.27千米，是目前世界上设计荷载最大的
高速铁路桥梁。

南京大胜关长江大桥 △

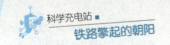
4
铁路隧道——穿山越岭的强大武器

公路和铁路穿山越岭，除了跨河架桥之外，就是钻山取路，而钻山取路需要隧道来解决；地下铁道在城市下面蜿蜒，输送大量人流，也需要隧道技术才能实现。隧道是人类征服自然过程中研发的强大武器。

铁路隧道是修建在地下或水下并铺设铁路供机车车辆通行的建筑物。根据其所在位置可分为三大类：为缩短距离和避免大坡道而从山岭或丘陵下穿越的称为山岭隧道；为穿越河流或海峡而从河下或海底通过的称为水下隧道；为适应铁路通过大城市的需要而在城市地下穿越的称为城市隧道。这三类隧道中，除了城市地铁之外，采用最多的是山岭隧道。

隧道的组成分洞身、洞门和洞门墙三部分，其中洞身是隧道结构的主体部分，是列车通行的通道。洞门位于隧道出入口处，用来保护洞口山体和边坡稳定，防止洞口坍方落石，排除仰坡流下的水。洞门墙用来挡住山体和边坡；防止洞口坍方落石。除此之外，隧道内还设置一些附属建筑物，比如为工作人员、行人及运料小车避让列车而修建的避人洞和避车洞；为防止隧道结冰和排除隧道漏水而设置的排水沟和盲沟；为机车排出有害气体的通风设备以及电缆槽等。

铁路隧道 △

隧道修建技术很复杂，施工非常危险，投资也很大。建造一条隧道，最关键也是核心部分就是开挖技术。一般而言，隧道开挖分为明挖法和暗控法两大类。明挖法就是直接在地面开口，挖空地下之后再修建地下建筑，然后回填土，恢复地面原状，多用于浅埋隧

盾构机 △

道或城市铁路隧道。对于翻山越岭的铁路隧道经常采用暗控法。暗控技术分为很多种，隧道位于石质岩层中，就采用钻爆法和掘进机开控法；在松软地质中采用盾构法。钻爆法就是在隧道岩面上钻眼，并装填炸药爆破将隧道开挖成型的施工方法。盾构法就是采用盾构作为施工机具的隧道施工方法。1825年，伦敦泰晤士河水下隧道施工首先采用盾构法并取得成功。盾构机是一种圆形钢结构开挖机械，特别适合软土底层修建隧道用，施工安全，开挖迅速，缺点是盾构机造价极为昂贵。掘进机是一种用强力切割地层的圆形钢结构机械，一般前端是一个金属圆盘，以强大的旋转和推进力驱动旋转，圆盘上装有数十把特制刀具，切割地层，圆盘周边装有若干铲斗将切割的碎石倾入皮带运输机，自后部运出。

隧道开挖后，为保证安全，需做支护结构，称为隧道衬砌。常用的衬砌种类有就地灌注混凝土类、预制块拼装、喷锚或单喷混凝土、复合式衬砌。

目前，已经通车的中国最长的铁路隧道为青藏铁路关角隧道，总长32.65千米。世界上已经通车的最长隧道，是日本连接本州岛和北海道的青森——函馆海底隧道，全长53.85千米。世界上最长的未通车的隧道，当属欧洲的哥达隧道，全长57千米。

5 铁路轨道——小小钢轨重千钧

　　路基和桥梁等线下设施建设完成后，铁路另一个很重要的设施——轨道便要闪亮登场了。那么什么是轨道呢？所谓轨道，就是铺设在道砟上面的、保证列车车轮能够安全运行的导向系统。轨道不仅仅只有钢轨，还包括轨枕、连接扣件、防爬设备、道岔等设备。轨道的主要功能就是引导列车运行，同时直接承受由车轮传递下来的巨大压力，并将这些压力再传递给路基或者桥梁，最终释放于地下。

　　在整个轨道系统中，钢轨是直接和列车的轮子发生关系的，因此其材质要求足够强大、稳定和耐磨。钢轨的截面呈"工"字形，每米钢轨重量根据铁路运输能力的大小可分为50千克/米、60千克/米和75千克/米三种类型。在铁路漫长的发展历史中，钢轨的重量一直在不断变化，以满足越来越繁重的运输量的需要。从最早的每米十几千克，增长到现在的50千克及以上。铁路的两条正线，也就是持续运行车辆的线路，采取60千克/米的钢轨，重载铁路正线采取75千克/米，其他仅仅满足列车临时停靠的线路，采用50千克/米钢轨。钢轨的标准长度按照用途不同分为4.5米、6.25米、12.5米和25米四种。现场铺轨，也可以根据要求再将短钢轨焊接成长轨条。

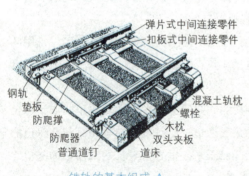

弹片式中间连接零件
扣板式中间连接零件
钢轨
垫板
防爬撑
防爬器
普通道钉
混凝土轨枕
螺栓
木枕
双头夹板
道床

铁轨的基本组成 △

　　钢轨很重要，那么它是如何铺设在道砟上面的呢？其实钢轨不能直接铺设在道砟上，而是铺设在轨枕上面，通过连接扣件，将钢轨与轨枕固定在一起，轨枕埋设在道砟中，由于道砟的摩擦力很大，在坡度不大的情况下，足可以保证轨枕不发生滑动。在坡度很大的地段，还可以通过设置防爬器和防爬支撑来保证轨枕的稳定。

轨枕作为支撑钢轨的重要部件，其材质分为两种，一种是木枕，另一种是混凝土枕。由于木枕消耗大量木材，且容易朽坏，所以现在新建铁路都采用钢筋混凝土枕。根据线路性质的不同，每千米铺设的轨枕数量也不一样，正线每千米铺设1 760~1 840根，频繁停靠列车的站线每千米铺设1 520根，其他次要的线路每千米铺设1 440根就足够了。除了标准定制的混凝土轨枕之外，还有钢筋混凝土宽枕。宽枕铺设完成后，轨枕之间基本不留缝隙，使得轨枕同道砟的接触面积较大，线路比较稳定，常用于隧道内和大型客站中。宽枕的缺点就是更换轨枕和养护比较困难。

而扣件衔接钢轨和轨枕，对弹性和强度要求也很高，扣件的性能要求和列车的通过速度成正比，速度越高，扣件的弹性和强度要求越大。连接扣件分为两种，一种是钢轨接头连接扣件，另一种是中间连接扣件。前者连接两根钢轨的接头，后者连接钢轨与轨枕。中间扣件还可分为钢筋混凝土枕用扣件与木枕用扣件，而钢筋混凝土枕用扣件大部分都采用弹条扣件。

钢轨、轨枕和扣件组成整个轨道系统，而轨道系统又是通过铺设在路基表层的道床构成了整个铁路的线上基础。道床由碎石道砟填筑而成，铺设在路基表层，一般根据线路等级的不同，其填筑厚度也不一

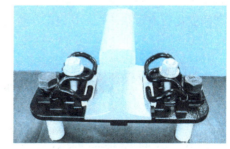

铁路扣件 △

样。正线铺设厚度为0.5米，到发线铺设厚度为0.35米，其他线路为0.2至0.25米。铁路道床就相当于轨道的弹性垫，既能控制轨枕平移，也能向下传递压力，如果轨道因为路基沉降而不平顺，还可以通过补充道砟来进行调整，非常方便。

6
无缝线路——让列车快速平稳运行

　　过去乘坐火车，车底下传来的有节奏的"咔嗒"声经常伴随整个旅程，这些催眠曲一样的声音，就是高速旋转的车轮撞击两个钢轨接头缝隙产生的。这些声音不但给旅客带来不适，更会对钢轨造成巨大破坏。那么有什么好办法消除这些轮轨撞击的噪音呢？有办法，那就是将普通的有缝线路改造成无缝线路，只要消除了钢轨之间的接头缝隙，恼人的撞击声自会消失。现在旅客乘车旅行，很难再听到熟悉的"咔嗒"声了。不但听不到"咔嗒"声，而且还会发现列车运行更加舒适和平稳，这就是无缝线路的功劳。

　　无缝线路就是将标准长度的钢轨焊接成长达几千米的长轨条线路，技术要求比较高。在普通有缝线路上，每隔一个标准25米长度的钢轨，就会留下接头和缝隙，这是为了满足钢轨热胀冷缩的要求。钢轨随着温度的变化会缩短和伸长，其内部产生的应力会通过钢轨轨缝进行释放。

那么将标准短钢轨焊接成长达几百米甚至数千米长的钢轨条，一旦遇到热胀冷缩，钢轨内部产生的应力该如何释放呢？这就是无缝线路必须要解决的技术难题。否则，因为温度变化产生的应力无处释放，就会造成钢轨因为膨

无缝线路长轨条 △

胀互相挤压，因为冷缩互相拉扯，轻则钢轨扭曲，重则钢轨断裂，给列车运行带来安全隐患。

为了解决这个问题，技术人员研究了很多方法，目前无缝线路在焊接之前必须要做两项工作，一个是应力放散，一个是轨温锁定。无缝线路应力放散就是在合适的轨温范围内使钢轨伸缩，抵消钢轨内部的温度力，然后再重新锁定线路。轨温锁定就是参照铺设地区年最高温度和最低温度数值，将钢轨锁定在一个温度范围之内，这样无缝线路即使热胀冷缩，产生的应力也在允许的范围之内，不会造成胀轨和拉断。无缝线路铺设分为固定区、伸缩区和缓冲区三部分。固定区的线路全部被锁定，伸缩区留有一些轨缝，满足应力释放要求，缓冲区是无缝线路向有缝线路的过渡区段。按照无缝线路铺设长度的不同，可分为普通无缝线路，长度控制在1~2千米；区间无缝线路，在两个车站之间铺设；跨区间无缝线路，铺设长度可以包括一个或者几个车站，长达数十甚至上百千米。

无缝线路的发展也已经近百年，德国在1915年开始研究无缝线路技术，之后世界各国纷纷跟进，使得这项技术逐渐成熟。我国1957年开始在京沪线上试铺无缝线路，经过多年发展，已经在铁路建设上全面普及，截至2007年，全国九万多千米的铁路线，有五万多千米已经改造或者新铺成无缝线路。

无缝线路让列车告别了噪音，让旅客出行更加舒适，让列车运行更加快速、平稳，让线路维护工作量大大降低，这就是这项新技术带给我们的最大恩惠。

无缝线路焊接 △

7

铁路道岔——铁路线间的转换开关

当列车进站停车时，需要通过一种设备才能进入停车站线。当列车从一条轨道转向另一条轨道时，也需要这种设备才能实现。这种设备称为道岔。道岔种类很多，可分为单开道岔、双开道岔、三开道岔、复式交分道岔、渡线等。

单开道岔是最常用的一种道岔，一般分为左开和右开两种类型，道岔由转辙器、辙叉、护轨及连接部分组成。转辙器是道岔的最主要构件，包含两根尖轨、两根基本轨以及转辙机械。道岔基本轨和相邻的线路衔接，尖轨可以随着转辙机械的运动而左右偏移，从而开通道岔的主要方向和侧方向。辙叉及护

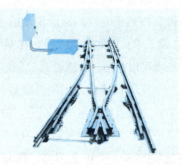

单开道岔 △

轨是道岔中不可动部分，辙叉根端与相邻线路衔接，从而使得整组道岔铺设在线路预定位置。道岔的连接部分将辙叉与尖轨衔接在一起，保证整组道岔的完整。

三开道岔的构件与单开道岔相同，只不过增加了一个开通方向罢了。双开道岔其实就是单开道岔的变种，两个开向呈对称布置。复式交分道岔相当于四组单开道岔组合在一起，共用辙叉部分。而渡线分为单开渡线与交叉渡线，前者由两组单开道岔对向布置而成，后者由四个单开道岔和一个菱形交叉组成。单渡线既可以用于两条平行线路的衔接，也可用于不平行线路之间的衔接，而交叉渡线必须铺设在两条平行线路上。

道岔按照辙叉类型的不同，可分为固定型道岔与可动心道岔。固定型的道岔的辙叉不能活动，而可动心道岔的辙叉增加可动心轨，可以同时

与尖轨一起左右移动，从而保证列车能够以更高的速度通过。道岔除了类型千差万别，还可以按照号数进行分类，而道岔的号数与列车侧向通过速度密切相关。普速铁路中最常用的是9号、12号和18号。其中9号道岔侧向通过速度不大于35千米/小时，12号不大于50千米/小时，18号不大于80千米/小时。如果列车侧向通过速度超过了80千米/小时，则普通道岔不再适用，必须采用特制的高速道岔。目前，我国铁路上采用的最大号码道岔为42号，用于京沪高速铁路之上，直向通过速度为350千米/小时，侧向通过速度为160千米/小时，远高于普通道岔的通过速度限值。

道岔和轨道一样，也需要通过连接扣件固定在岔枕上，之后再铺设在道床上。道岔的岔枕以前可以用木枕或者混凝土枕，随着铁路技术的不断进步，木岔枕道岔已经全部淘汰，只在标准非常低的既有线路上还使用一些，其余的已经全部采用钢筋混凝土枕道岔。道岔的重量与衔接的钢轨相配套，分为50千克/米、60千克/米与75千克/米。50千克/米道岔用于非正线股道上，60千克/米道岔用于大部分的正线上面，而75千克/米道岔是重载铁路正线的专用产品。

道岔看似简单，其实结构很复杂，需要专业设计和制造，采用的材质与钢轨相同。现在，我国有两家专门生产道岔的工厂，分别是山海关桥梁厂与宝鸡桥梁厂，他们的产品供应和支持了全国铁路的建设。随着技术的不断提高，高性能、高强度的道岔会持续问世。相信不久的将来，道岔作为铁路重要的设备之一，会不断带给人们惊喜。

交叉渡线 △

8
铁路车辆——载人运货的必需设备

　　前面的内容介绍的都是铁路的线下设施，铁路机车在第一章已经有过详细阐述，不再赘述，这里主要介绍铁路线上设施中不可或缺的铁路车辆。

　　铁路车辆是运送旅客和货物的工具。按照用途分为铁路客车、铁路货车两大类。由于不同的目的、用途及运用条件，使车辆形成了许多类型，但其构造基本相同，基本上由五部分构成：车体和车体架、走行部、车钩缓冲装置、制动装置、车辆内部设备。车体是容纳旅客或货物的部分，固装在车底架上。车底架是车体的基础，由各种纵向梁和横向梁组成。车体与车底架构成一个整体，安装在转向架上。转向架由两个或两个以上的轮对组成，并安装弹簧及其他部件，组成一个独立结构的小车，是车辆的走行部分，承受车辆的重量并在钢轨上行驶。车钩缓冲装置安装在车底架两端的中梁上，将机车车辆连挂在一起，成为一组列车，并传递牵引力，缓和各车辆之间的冲击。制动装置的功用是保证高速运行的列车能减速，并在规定的距离内停车。车辆内部设备主要是指在为旅客以及运输的货物提供的必需设备，如供水、暖气、通风、照明以及空气调节等装置。

　　铁路客车一般包括如硬座车（YZ）、软座车（RZ）、硬卧车（YW）、软

铁路货车车厢 △

铁路客车车厢 △

卧车（RW）、餐车（CA）、行李车（XL）如邮政车（UZ）、公务车（GW）、卫生车（WS）、医务车（YI）、实验车（SY）、维修车（EX）、文教车（WJ）等。铁路货车分为通用货车、专用货车和特种货车。通用货车包括敞车（C）、棚车（P）、平车（N）、罐车（G）、冷藏车（B）；装载特定货物车成为专用货车，比如矿石车（K）、水泥车（U）、活鱼车（H）、特种车（T）、长大货物车（D）等。特种货车指的是具有特种用途的车辆，比如检修车、救援车、除雪车等。

我国铁路车辆的研发制造可追溯至1880年，就在那一年，第一个铁路工厂唐山机车车辆工厂建立，但是在漫长的时间内，这些工厂仅仅进行车辆维修工作，所有的客、货车辆均自国外进口。1949年，我国自己制造的首辆货车问世后，中国的铁路车辆制造业才真正名副其实。1953年，中国自己制造客车成功。随着国民经济的发展，铁路车辆工业与机车工业同步发展，车辆制造水平不断提高。近60年来，中国铁路工业为铁路运输提供了品种齐全、数量浩大的各种类型的客、货车辆，不但可以自给自足，同时还出口他国。

目前我国有35家机车车辆工厂，其中23个工厂有制造及修理客、货车辆的能力。车辆制造能力已达年造客车近3 000辆、货车3.8万辆，我国已经跨入世界上车辆制造大国行列。

9 信号列控——安全行车责任重大

　　铁路行车与公路类似，无外乎红灯停、绿灯行、黄灯减速。但是，铁路运输的复杂性是公路运输不可比拟的，保证行车安全，需要足够可靠的设备来实现，而铁路信号就是必不可少的设备之一。

　　铁路信号分为两大类，听觉信号和视觉信号。而视觉信号分为固定信号、手动信号和移动信号，其中手动信号是很落后的一种手段，就是铁路值班人员用信号器、手提信号灯来引导列车运行，现已淘汰不用。移动信号一般用于临时设置，不常用。固定信号是最普及的一种。固定信号按照设置部位的不同可分为地面信号和机车信号；按照构造不同分为色灯信号机和臂板信号机；按照安装方式分为高柱信号机、矮柱信号机和信号灯桥。铁路与公路相反，采取左侧行车的方式，信号机设置在线路左侧，根据绿、黄、红三种不同的显示颜色，决定火车运行、减速还是停车。

计算机联锁 △

　　铁路的信号控制主要用于车站和线路区间。在车站里面，目前信号控制采取两种制式，一种就是继电器联锁，另一种是计算机联锁。通过联锁装置，可以控制车站信号的显示，进而引导列车在线路上安全行车。一旦信号联锁出现故障，就会造成不同方向的列车进入同一条线路，酿成撞车事故。毋庸讳言，信号联锁装置是车站安全行车的重要装备。

　　列车在线路区间行车时，要通过闭塞手段保证安全。闭塞设备就是保证列车在区间行车安全，并且提高通过能力的信号设备。办理闭塞，指的是让某段线路区间空闲，只能允许一列火车在其中运行的行车安全保证措施。闭塞分为自动闭塞、半自动闭塞和自动站间闭塞三种方式。半自动闭塞和自动站间闭塞手段比较落后，由于车站之间的距离都较长，一般为十几千米以上，采用半自动闭塞只能保证两个车站之间只运行一趟列车，非常不划算，造成线路空闲，使用效率很低，因此逐渐被淘汰，现在使用最多的就是自动闭塞。自动闭塞将两个车站之间的区间通过设置信号机分成若干个分区，保证每个分区内运行一列火车，两个运行火车的分区之间有两到三个分区空闲，作为安全缓冲区，这样一个长大区间就会同时运行多列火车，极大提高了运输能力，并且非常安全。

　　除了信号控制系统，列车调度集中指挥和运行控制系统也是行车安全手段之一。通过列车调度集中指挥系统指挥列车运行，装在机车上的列车运行控制系统可以实时同调度中心保持联系，火车司机按照调度人员的指令驾驶列车。当然，除了这些必备的设备之外，列车专用通信设备保证了司机、调度人员、车站值班员之间的信息通畅。

　　根据铁路行车速度的不同，信号控制、行车调度指挥、列车控制系统以及通信设备都有很大差别。在高速铁路上，就需要采用完全不同的型号设备来保证行车的安全。毕竟人命关天，安全永远第一。

列车车载信号设备 △

10
牵引供电——电力列车无烟飞驰

　　电气化铁路的发展也经过了漫长的岁月，无数技术人员为了实现火车的无烟飞驰付出了大量的心血。1842年，苏格兰人R·戴维森最早造出第一台标准轨距电力机车，1879年5月，德国人W·V·西门子设计制造了一台能拉乘坐18人的"客车"的电力机车，这是电力机车首次成功的运载试验。1881年，法国巴黎展出了第一条由架空导线供电的电车线路，这就为提高电压、采用大功率牵引电动机创造了条件。1895年，美国在巴尔的摩——俄亥俄间5.6千米长的隧道区段修建了直流电气化铁路。1903年，德国的三相交流电力机车创造了每小时210千米的高速纪录。

　　电气化铁路不同于内燃牵引和蒸汽机车牵引的铁路，电力机车不能自带燃料，需要外部提供动力才能运行，因此电气化铁路比内燃机车牵引的铁路增加了一套牵引供电系统。牵引供电系统就是将外部电能通过电力系统传送到电力机车上进而驱动机车运行的设备，主要包括发电厂、变电所和接触网等。发电厂提供110千伏或者220千伏三相高压交流

牵引变电所 △

电，变电所将高压交流电转变为27.5千伏单相交流电，通过接触网传送到电力机车上。

牵引变电所根据计算要求，沿着电气化铁路每隔一段距离就布设一座。每座牵引变电所都有固定的供电区间，通过输电线路向接触网源源不断地输送电力。接触网是沿电气化铁路架空敷设的输电网，它和电力机车受电弓的滑动接触，将牵引变电所送来的电流送给电力机车。我国电气化铁路采用工频单相25千伏交流制，一般采用三种供电方式，分为直接供电、带回流线的直接供电方式和自耦变压器供电方式。由于接触网带电之后会产生电磁场，影响周围的通信设备，需要加以防护才行。直接供电方式不加任何防护措施，只能适用于非平原地区和非城市地区。带回流线的供电方式通过设置回流线可以减少电磁干扰。而现在最通用的供电方式就是自耦变压器供电，也称AT供电，这种供电方式电压损失小、电能损耗低、供电距离长，是最优的供电方式。

为了保证接触网的供电电压稳定，必须在相邻的两个牵引变电所供电的接触网中间设置分区亭，将接触网连通。运行中的电力机车由两边的牵引变电所同时供电。这种供电方式可降低接触网中的电能损失，减小接触网的电压降，一个牵引变电所停电时，电力机车运行不致中断。

接触网 △

从1958年第一条电气化铁路开始修建，到2012年12月1日哈大高铁正式开通，中国电气化铁路总里程突破4.8万千米。目前世界上68个国家和地区拥有电气化铁路，俄罗斯4.33万千米、德国2.1万千米、印度1.88万千米、日本1.7万千米、法国1.52万千米。中国位居世界第一。

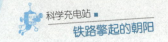
三　高速铁路
——让你体验陆地飞行

1
高速铁路历史辉煌

　　在2008年8月之前，高速铁路对我们而言还只是想象，只能从图片或者视频上羡慕国外高铁列车的飞速快捷。而北京至天津城际铁路的开通，让中国迅速跨进了高铁时代。根据国际铁路联盟（UIC）的定义，时速200~400千米/小时的铁路称为高速铁路。高速铁路的研究，以法国、日本、德国三国成绩最为卓著，三个国家都是独立研发高铁技术，既有共同点，又有很大区别。日本的高铁是新干线模式，全部修建新线；法国的高铁是TGV模式，部分修建新线，部分对既有线提升改造；德国的高铁是ICE模式，大部分提升改造既有铁路，少量修建新线。除了上述三国之外，英国对高铁技术也进行了研发，采用APT模式，不修建新线，对既有线路全部提升改造，开行摆式列车。而中国的高铁技术是将法国、日本、德国等国家的先进技术买断之后，重新研发，自主创新，形成了独特的高铁技术，并且后来居上，取得了瞩目的成就。

　　早在1964年，日本修建了全世界第一条高速铁路——东海道新干线，衔接东京和大阪两大城市，运行速度为每小时210千米。新干线

法国高速列车 ◢

的建成，以其快捷的交通和低廉的价格，将航空一举击败。后来日本又持续修建了山阳、东北、上越等高速铁路，逐渐构成了贯穿全岛的高铁交通网。日本的高铁不但速度快，投资回收期也非常短，就拿新干线为例，1964年建成通车，1966年就开始盈利，只用了8年时间就收回了全部投资，令人惊叹。如今，日本全岛已经修建高铁2 000多千米，高铁成了不折不扣的名列第一的交通工具。

法国紧跟日本之后，在日本新干线开通七年后，法国政府批准修建巴黎至里昂TGV（TGV是法语高速铁路的简称）东南线路，1983年竣工通车，立刻就吸引了原来乘坐飞机的70%的客流。由此可见，高铁是一种竞争力非常强的交通工具，快速、准时、换乘方便，是绝大多数人出行的首选。高铁东南线路的成功运营，让法国进入了高铁时代，紧接着又修建了巴黎至勒芒的大西洋西部支线以及连通德国、荷兰、比利时的北方线，最终奠定了在欧洲的高铁技术领先地位。

德国除了是世界上研究电气化铁路最早的国家，也是研究高铁技术的先行者，但是真正研究实用性高铁技术是在1979年，已经落在了日本和法国的后面。德国修建高铁之所以晚这么多年，也经历了和中

德国高速列车 △

国高铁发展同样的障碍，那就是对高铁采用轮轨技术还是磁悬浮技术争论不休。这种技术之争浪费了很多宝贵的时间，直到日本和法国的高铁采用轮轨技术并取得巨大经济和社会效益之后，德国这才如梦初醒，奋起直追。德国高铁采用ICE模式，ICE是城际快车英文的缩写。

除了上述技术领先的三个国家，世界上还有英国、瑞典、西班牙、意大利和韩国修建了高铁。而中国是修建高铁起步最晚，但是取得成就最高的国家。

2 舍我其谁睥睨天下

人们出行面对不同的交通工具，总要有所选择。近距离骑自行车，稍远点乘坐公交车，害怕堵车就搭乘地铁和轻轨。但是一旦离开居住地前往另一个城市，就需要权衡是坐长途客车、火车，还是坐飞机。一般而言，100千米之内，乘坐长途客车比较划算，100千米至500千米，高铁是最佳选择，500千米至1 000千米，高铁和飞机不相上下，1 000千米以上，飞机的优势最明显。

高铁PK飞机 △

除了乘客的选择，高铁还有很多优点是其他交通工具望尘莫及的。首先高铁速度快、时间准，高铁速度每小时可达350千米。有人说飞机更快，每小时可以飞700千米，没错，不过前面说了，1 000千米之内，高铁的优势非常明显，而这个距离是绝大多数乘客的旅行范围。在此范围内，飞机速度快的优势并没有发挥出来。以上海到南京为例，沪宁高速公路全长273千米，汽车用时3.3小时，而坐高铁才2.15小时。除了速度快、时间短之外，乘坐高铁要比长途客车舒适得多。高铁行车密度大，大到什么程度？日本新干线最短发车间隔3分钟，1个小时就可以发车11

列，每天的行车数量都在100多对以上，每天运送旅客37万人，年输送旅客1.2亿人。而飞机按照每天20架计算，每天输送旅客最多才8 000人，连高铁的零头都不够。高铁特别舒适，因为高铁车厢里面的设备完全是按照航空标准配置的，窗明几净，座椅符合人体工程学原理，乘坐高铁沿线还可以移步换景，既舒适又惬意。反观长途客车，逼仄颠簸，几乎没有转身之地。飞机虽然乘坐舒适，但是旅程相当枯燥，靠窗的乘客还可以看看白云，不靠窗的只能睡大觉。高铁安全性高，日本新干线开通至今几十年，公开报道中没发生过一起交通死亡事故；法国的高铁运营至今，依旧安全可靠。与公路、航空的事故率相比，高铁的安全率也是极高的。高铁低耗能、高环保，与汽车、飞机等交通方式相比，高铁的耗能最低，同时采用电力牵引，不产生废气，噪音也能控制在合理范围之内。而汽车和飞机都需要耗费大量燃油，产生尾气，给环境带来很大破坏。我们乘坐交通工具，最担心的就是不准时，而汽车和飞机晚点经常发生，不但浪费乘客大量时间，还耽误行程。但是高铁准点率非常高，很少出现晚点的情况，遇见刮风、下雨、大雾等恶劣天气，高速公路和机场会关闭，而高铁却可以畅通无阻。

以上诸多优点，成了高铁战胜其他交通工具的强有力武器，也使得更多的乘客在出行时首选高铁，世界各国也因为其巨大的竞争潜力而对其优先发展，这是一件利国利民的好事。

高铁飞驰 △

3 决定速度的平纵面要素

高铁速度快、运行平稳、安全可靠，那么到底是哪些要素决定了高铁比普通铁路甚至其他交通工具更加先进呢？影响高铁的技术因素都有哪些呢？让我们一一道来。

我们知道，火车在直线上运动的速度总比在曲线上要快，这是因为火车在经过曲线时会产生离心力，若速度太快，就会造成列车脱轨酿成事故。曲线半径越小，则列车通过速度越低；曲线半径越大，列车通过速度越高，当曲线半径无限大时，就变成了直线。因此曲线半径是影响高铁运行速度的第一要素。为了满足高铁列车时速达到350千米，曲线半径最小不能小于7 000米，一般采用9 000~10 000米最合适。铁路线路从直线过渡到曲线，需要设一个过渡段，我们称之为缓和曲线，目的就是不让列车在曲线和直线之间硬性过渡，以免影响乘客的舒适度。缓和曲线根据列车速度进行计算确定。曲线和曲线之间不能直接衔接，需要加一段直线，称为夹直线。夹直线的长度也是根据计算确定出来的。

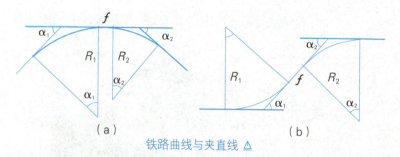

铁路曲线与夹直线 △

除了高铁线路平面要满足一定的技术条件之外，线路坡度也有一定限制，理想条件下，高铁全线都是平坡最好，但是因为经过的地域不同，各地海拔也不一样，全线平坡根本不可能实现，遇见高铁线路跨越障碍物，就需要上坡下坡，这就对坡度提出了要求。目前，我国高铁正线的最大纵坡不宜大于20/1 000，也就是说，列车走行1 000米远，爬坡高度不大于20米。两个相邻的坡度之差也有一定限制，不能超过规定的限值，否则一来会降低列车的舒适度，二来容易造成列车脱轨。

高铁经过曲线地段，由于离心力很大，会造成车轮摩擦钢轨，同时让旅客感觉非常不舒服。为了减少钢轨磨耗和提高舒适度，就需要在曲线地段设置超高，就是曲线地段的外侧钢轨比内侧钢轨要高出一截，用以平衡列车的离心力，这个高出的数值就是超高值，一般采用120毫米，最大不超过180毫米。

高铁一般都采用双线，这样来往列车可以各行其道，不会造成交叉干扰，增加通过能力。那么两条线路之间的距离是如何控制的呢？线路间距过小，对向列车错车时，产生的巨大风压就会压碎车窗，给乘客带来危险，甚至

高铁经过曲线地段 △

两个列车的车厢会撞在一起。线路间距过大，使得填筑路基宽度加大，占用土地就越多，会造成投资浪费。因此，选择确定合理的线间距是非常必要的，既要满足列车安全运行，又要在经济上合理。确定两条线路的线间距，首先要满足两条线路上车辆的安全界限，简称车辆限界，其次还要满足列车对向错车时产生的风压不对列车造成破坏。经过大量的试验及计算，确定高铁两条线路之间的间距为5米。上述这些平纵面要素，是保证高铁安全快速的最基本条件。

4
高铁路基奥妙无穷

　　高铁的路基填筑也和普通铁路不同，普速铁路因为速度低，对路基的要求不高，即使时间长了路基自然下沉，也可以通过补充道砟的方法使得钢轨平顺。高铁因为速度很高，对路基沉降控制极严，加上大都采用无砟轨道，路基一旦下沉，不可能通过补充道砟的方式保持线路平顺，这就需要采取措施将路基沉降控制在一定范围之内，一般年沉降不能大于5厘米。为了保证路基的稳定，高铁路基填筑分三层，最上一层的路基面表层不能填普通土，而是填筑级配碎石，厚度0.7米，级配碎石是把按照规格尺寸要求的碎石混合在一起制造的填料。级配碎石下面是基床底层，填筑满足技术要求的特种土，厚度2.3米，在基床底层以下才是路基本体，可以填筑一般的普通土。

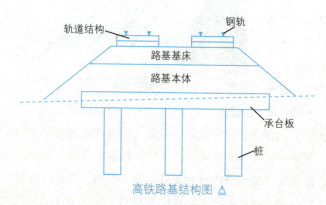

高铁路基结构图 △

　　高铁路基的分层填筑也需要严格的工艺流程来控制，三个层面的技术要求都不相同，必须满足相关规范的需要，每层都要用机器碾压密实，达到设计标准。路基填筑完成后，两侧边坡防护、排水设施都要一应俱全，以保证路基不被破坏。

如果路基所在的区域地质条件较好，那么路基可以在清理过的地面上直接填筑。如果地质条件很差，就需要对填筑路基的地层进行技术处理，否则无法控制路基的沉降。地层加固处理的方法多种多样，采用最多的是换填特种土、往地面以下打碎石桩、管桩和水泥粉煤灰碎石桩，也称CFG桩。这些打入地下的桩子就像建造高楼大厦的地下基础，保证了路基的稳定。

高铁路基CFG桩 △

高铁绵延几百甚至上千千米，经过的区域地质条件千差万别，地基处理得再好，也不能避免沉降。为了最大限度保证高铁线路的平顺度，我国在设计时速350千米的高速铁路上大部分都是采用高架桥方式，一般只在设置车站的地段采用路基。以京沪高铁为例，全线1 318千米，80%以上的段落都是桥梁。在桥台和路堤、路堑与隧道、路堤和路堑以及路堤与各种立交排水涵洞的衔接处，需要设置过渡段。这是因为不同的结构，它的强度、刚度和变形都不一样，直接相连，会造成轨道不平顺、变形甚至折断，为了解决这个问题，必须设置过渡段。

由以上内容可知，高铁的路基是整个线下设施的核心部分，它和桥梁、隧道一样重要，线下基础做得稳如磐石，才能让高铁安全快速地运行。

5 无砟轨道令人耳目一新

　　高速铁路对轨道的要求非常高，原因就在于轨道直接和车轮发生作用，引导列车运行，轨道的平顺性和稳定性出了问题，才是最大的安全隐患。为了保证轨道的高平顺和高稳定性，就要使得轨道的部件满足高精度和很高的可靠性，同时轨道铺设满足高精度的要求。高速铁路的轨道结构与普通铁路相同，不外乎钢轨、轨枕、扣件、道岔和道床。高铁的轨道结构分为两种，一种就是普速铁路常用的有砟轨道，另一种是不需要道砟的无砟轨道。有砟轨道在国外高速铁路上应用广泛，积累了丰富的经验，但是有砟轨道本身也存在不少的缺点。比如，高铁轨道对道砟的质量要求很高，否则在列车高速运行反复作用下，道砟会下沉，造成轨道不平稳。另外，高速列车飞驰而过时，车轮会产生巨大的吸力，卷起道砟，在城市和人口密集地段，会造成飞石伤人。有砟轨道的维修工作量也很大，虽然前期投资节省，但是后期维护的成本非常高。根据德国高速铁路的资料，当行车速度为250～300千米/小时的时候，其线路维修费用约为行车速度为160～200千米/小时的2倍；当速度为250～300千米/小时的时候，通过总重达到3亿吨后，道砟就需全部更换，在经济上很不划算。

　　因此世界各国开始研究无砟轨道用以

无砟轨道 △

替代有砟轨道。无砟轨道是以混凝土或沥青砂浆取代散粒道砟道床而组成的轨道结构形式，它具有轨道稳定性高、刚度均匀性好、结构耐久性强和维修工作量显著减少等特点，可以保证轨道的高平顺要求。比起有砟轨道，无砟轨道的优势十分明显。

现在世界上无砟轨道的种类繁多，应用比较成熟，比较有代表性的有德国的雷达型无砟轨道、旭普林无砟轨道和博格板无砟轨道，日本的板式轨道和英国的LVT无砟轨道。我国的无砟轨道研究是伴随着高铁发展而进行的，通过技术人员的辛勤劳动，已经研发成功了具有自主知识产权的无砟轨道结构，比较典型的有CRTS–Ⅰ型、CRTS–Ⅱ型和CRTS–Ⅲ型板式无砟轨道三种类型。除了板式无砟轨道之外，还有双块式无砟轨道、纵联式无砟轨道、岔枕埋入式无砟轨道等。其中板式无砟轨道一般铺设于正线之上，双块式无砟轨道用于车站的站线上面，岔枕埋入式无砟轨道用于道岔铺设地段。

无砟轨道的轨枕本身是混凝土浇灌而成的，而路基也不用碎石，铁轨、轨枕直接铺在混凝土板上。以无砟轨道为例，其结构组成由60千克/米钢轨、弹性分开式

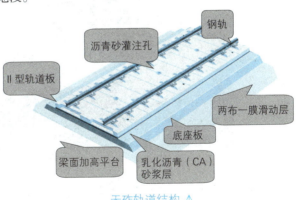

钢轨

沥青砂灌注孔

Ⅱ型轨道板

两布一膜滑动层

底座板

梁面加高平台

乳化沥青（CA）砂浆层

无砟轨道结构 △

扣件、轨道板、乳化沥青水泥砂浆（CA砂浆）、混凝土凸形挡台及混凝土底座等部分组成，轨下设置充填式垫板。

无砟轨道噪声主要表现为轮轨滚动噪声和轨道板结构辐射噪声两方面。为使轨道低噪化，使用定期打磨钢轨和钢轨无缝化的基本方法，或者在无砟轨道表面上设置吸音板。目前，我国新建的高速铁路已经全部采用无砟轨道。

6

动车组——机车与车辆融合的新产品

在高铁通车之前，留给我们最深记忆的就是绿皮车和红白相间的客车，在机车的牵引下，慢吞吞地在铁路线上行驶。这种机车牵引十几辆普通客车的景象已经成为历史。现在奔驰在各大客运专线之上的高速车辆，都是银白色的"和谐号"动车组。那么什么是动车组呢？它到底和普通的旅客列车有何区别？

动车组 △

动车组是把动力装置分散安装在每节车厢上，使其既具有牵引力，又可以载客，再加上几节不带动力的车辆，如此编组而成的。一般动车组有8辆编组和16辆编组两种。动车组上带动力的车辆叫动车，不带动力的车辆叫拖车。动车组是一种动力分散技术，而普通列车是依靠机车牵引的，车厢本身并不具有动力，是一种动力集中技术。动车组运行的时候，具有动力的车厢与最前面的牵引车一起运动，这样把动力分散，能达到更高的速度。

动车组是一种适合铁路长、中、短途旅客运输的现代化交通工具，可分为很多类型。按照动力不同，可分为电动车组和内燃动车组；按照动力形式，可分为动力集中型和动力分散型；按照传动方式，又可分为电传动和液力传动。动车组可以根据客流量变化灵活编组，实现高密度小编组发车，具有安全性能好、运量大、折返方便、节能环保等优点，是新型交通运输方式的佼佼者。

动车组由车体、转向架、车辆连接装置、制动装置、车辆内部设备、牵引传动系统、辅助供电系统、列车控制及网络系统组成。其中动车组车体分为带司机室车体和不带司机室车体两种，转向架分动力转向架和非动力转向架。车辆连接装置包括车钩、缓冲器和风挡等。制动装置包括动力制动系统、空气制动系统及电子防滑器等。车辆内部设备是指服务于乘客的车内固定附属装置。牵引传动系统和辅助供电系统以及列车控制及网络系统为动车组提供动力和保证行车安全。

动车组的动力配置分为动力集中配置和动力分散配置两种，前者列车编组中两端为动力车（或一端是动力车，另一端是控制车），中间为拖车。后者列车编组中全部为动力车或大部分是动力车，小部分为拖车。

动车组编组示意图 △

动车组有以下技术特点可以让其傲视群雄。优良的空气动力学外形设计减少高速动车组运行的空气阻力；车体结构轻量化设计节省牵引功率；高性能转向架技术具有高速运行的稳定性；复合制动技术让动车更快地停下来；密接式车钩缓冲装置提高列车的运行平稳性；交流传动技术使动车性能更加优越；列车自动控制及故障诊断技术让动车运行更加可靠；车厢密封隔声与集便处理技术让旅客更方便舒适；高速受流技术很好地保证了动车高速运行过程中的持续供电。

随着制造技术的不断提高，更快、更舒适的动车组会带给乘客更大的享受。

7
维修基地——动车组的温馨之家

　　奔驰在高铁之上的动车组，给旅客的出行带来极大方便，为了保证动车的行车安全，必须有专门的设施对其进行维护和检修，以保证其处于最佳的状态。动车组的保养维护和检修，也是保证高铁运行安全的重要措施之一。动车组的检修、保养等服务，均在动车综合维修基地进行。动车维修基地根据承担的检修任务量的大小和检修级别的不同，分为动车段和动车运用所。为了满足动车组开行的需要，铁路部门在北京、上海、武汉、广州已经或者即将建成现代化动车组检修基地，在四大基地的基础上，还在全国范围内修建26个动车运用所，为全国的高铁动车组提供服务。

　　动车综合检修基地的主要设备包括动车整备维修库、电器测试装置、轮对踏面诊断装置、不落轮旋轮设备、车轴探伤装置、轮对及转向架更换中心、动车组外部清洗设备、动车组内部清洗和整备设备等，为了不受气候条件和夜间作业等环境的影响，所有检修和维护工作都在检修车间内进行。

　　动车组的检修和保养需要科学合理的维修方式，目前主要有三种：定期维修，又称计划修；视情维修，又称状态修；事后维修，又称故障修。定期维修是以使用时间作为维修期限，只要设备到了预先规定的时间，不管其技术状态如何，都要进行规定的维修工作，这是一种强制性的预防修理。视情维修是指对设备运用状态进行连续、间接或定期的监测，不断获取动车组的运行信息，通过分析这些信息内容，来判断动车组何时维修、维修哪些内容，所以说，视情维修就是根据观察到的动车组情况来判断合理的维修时间和维修方式。事后维修是在机件发生故障之后才进行修理，它不控制维修时间。实践证明，有些机件即便发生故障也不会危及安全造成恶果，它们或是属于偶然发生，或是虽属零件耗损型故障，但不值得大动干戈，因此事后维修更经济。

定期维修和视情维修均属于预防性维修，可以预防动车组渐进性故障的发生，事后维修则是非预防性的，多用于偶然故障或用于预防维修不划算的机件。定期维修是按时间标准进行维修，视情维修是按实际状况标准进行维修，而事后维修则不控制维修时间。

一般而言，对于特别复杂的设备，三种方式可以交叉使用，以充分利用各个机件的固有可靠性。我国动车组施行计划性的预防检修。检修分为五个等级，一级和二级检修为运用检修，三级、四级、五级检修为定期检修。动车组的整备与维修是保证动车组有效使用和运行质量的前提条件，而动车组的运行计划又是合理安排整备与维修工作的重要依据。动车综合检修基地必须按照动车组实际走行千米数和定期检查周期，及时安排入段检修。动车段的设置也不能乱来，需要充分与城市的规划相结合，保证既能满足动车经济运行，也能满足城市总体规划的需要。

动车段的设备布置和作业流程必须合理，让动车组从进入检修基地之后，通过最短的时间完成整个检修流程，使得动车组维修高效，降低维修成本，节省大量人力、物力。

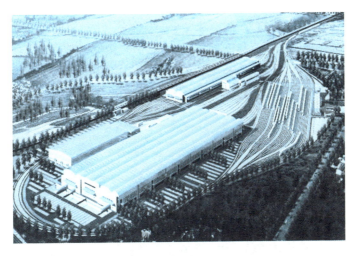

北京动车检修基地 △

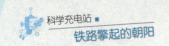

8
列控系统——高铁安全运行的保护神

普速列车因为速度低，可以通过线路一侧的高柱信号机来指导司机安全行车。不过，司机总是不停地瞭望外面的信号，时间一长就容易疲惫，看错信号的事情时有发生，严重时会危及列车安全。为了减轻司机的负担，采用稍微先进一点的手段，就是将线路一侧的信号机显示在机车上面，司机不用眺望窗外，就可以根据机车上的信号显示进行驾驶。随着列车速度的不断提高，司机即时观察机车信号也变得越来越困难，信号看不清楚，就无法驾驶，这就需要更加先进的信号控制技术，才能满足列车速度越来越高的要求。当列车速度由每小时120千米跨越到200千米以上时，更先进的高速列车信号机控制系统就登场了。

高速列车的运行速度在每小时200千米以上，紧急制动距离为4 000米，这就意味着，一旦列车紧急刹车，从每小时200千米的速度到停车，列车会滑行4千米远，如果没有先进的列控系统，一旦发生行车事故将是灾难性的。列车运行控制系统也叫ATC系统，主要通过车载信号直接向司机提供加速、减速和停车命令，而信号直接控制列车的制动。这种自动化程度极高的列控技术，可以将司机人为驾驶失误降到最低点，因此，列控系统就是高速列车安全运行的保护神。很多时候，系统比人更加可靠。

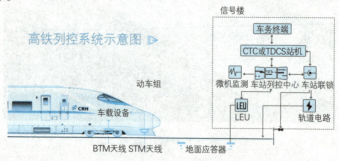

高铁列控系统示意图 ▷

　　列车运行控制系统可分为多种类型，按照自动化程度、人机关系、控制模式、信息传输通道等有四种分类方法。不管列控系统归于哪一类别，其终极目的就是保证列车安全。那么列控系统都包含哪些设备呢？第一是地面设备，包括设置在钢轨旁边的设备、列控中心和地面通信网络设备。第二是车载设备，包含列车运行监控模块、测速定位模块、显示器模块、牵引制动接口和运行记录模块等。第三是地车之间的信息传输设备，包括地面信息传输设备、车载信息传输设备、地面信息网络和车载信息传输网络等。

　　我国对列控系统的研发，是整个高速铁路技术不可或缺的一环。现在运用于高铁列车上的列控系统全名叫"中国列车运行控制系统"，简称CTCS。CTCS根据速度的不同划分为5个等级。其中CTCS0级由通用机车信号和运行监控记录设备组成，适用于列车运行速度每小时不超过120千米的既有铁路。CTCS1级由主体机车信号和安全运行监控记录仪组成，适用于时速160千米的铁路。CTCS2级和3级用在提速铁路干线和新建高速铁路上面，其中CTCS2级是采用轨道传输信息的列控系统。CTCS3级是用无线传输信息技术的列控系统，属于目前我国掌握的最先进的列控设备。CTCS4级列控设备正在研发试验中，它采用无线信息传输技术，能够实现虚拟闭塞和移动闭塞，比前四个级别的列控系统更加高级先进，让高速列车运行愈加安全，列车发车间隔更加缩短，提高行车密度。

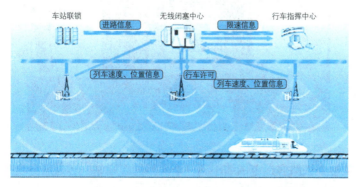

CTCS3级无线列控系统 △

9

铁路客服——为乘客提供贴心服务

　　每当我们到一个陌生城市，首先是买一份地图来指导我们到达目的地。我们在车站乘坐火车，更需要精心设计的客服引导标志把我们顺利送上火车或者出站。对于小型车站而言，因为乘客少、车站小，客服的重要性并不突出。但是对于动辄十几万平方米的特大型客运站而言，没有客服，乘客就成了盲人瞎马。

　　有人可能会说，铁路客服不就是一些指示牌吗？错了，铁路客服是一种非常重要的信息技术，绝不是安装几个标志牌那么简单。对于整个铁路客运而言的服务系统，其核心就是票务系统，想想铁路客服网站每到暑运和春运那种超规模的访问量，我们就知道客服有多么重要了。票务系统的核心首先是制定合理的票价，然后建造联通全国的网络售票系统。联网票务系统的终端，就是自动售票机（AFC系统）和窗口人工售票。

自动售票机 △

　　从整个铁路客运范围缩小到一个大型的客运站，客运服务发生了很大变化，最主要的变化就是客服的核心不再是票务，而是旅客。为了满足乘客顺利乘车出行的要求，客服系统实现了车站信息自动广播、导向指示、信息服务、客站监控等功能，并提供互联网、呼叫中心、无线局域通信等信息服务，彻底实现旅客服务的信息化。

大型客运站的客服系统主要包括导向指示系统、公共广播系统、视频监控系统、信息服务系统、时钟系统、投诉系统、求助系统和延伸服务系统，为旅客提供全方位的贴心服务。导向指示系统在旅客的进站、购票、候车、检票、乘车、出站等环节为乘客提供帮助，系统一般以车站为中心，通过设置在不同地点的显示屏、到发通告终端机来发布动态或者静态图形、图像、文字、视频等信息。公共广播系统及时为旅客提供动态播报，视频监控系统随时监控摄录客站的动态图像，使得监控中心指挥人员及时观察车站各个主要地点的旅客疏散、停留情况，根据实时动态监控，一旦遭遇意外事件，能够对旅客采取疏导措施。查询系统采用触摸屏、计算机、多媒体、网络接口等技术，提供列车运行图、列车时刻表、票务、站内环境说明、站内服务设施说明、市政交通、天气状况、旅客出行等丰富信息。

在以前，由于技术手段的落后，位于大中城市的铁路客服设施非常简陋，旅客出行毫无舒适可言，低标准的客服设施远不能满足大家的要求，乘坐火车是一件很无奈、很痛苦的事

△ 旅客提示信息牌

情。随着铁路技术的不断提高，铁路客运站的建设越来越遵循"以人为本"的原则，铁路突破了陈旧的理念，将乘客的舒适度作为一个重要的指标来对待。随着高铁的不断开通，我们已经告别脏乱差的乘车环境，开始享受高铁客服带给我们的温暖和舒适。

10

高铁安全防灾——全方位的安全保障系统

我们乘坐高铁，除了赞叹其高速快捷之外，安全是永远挂在嘴边的话题。总是有人会问，高铁安全吗？高铁当然安全，这种安全是通过很多技术手段和先进的设备来保证的，是全方位立体的安全保障措施。保证高铁安全的技术和设备都有哪些呢？高铁的运营安全保障系统设计的核心要素有三个，第一是人，第二是动车组，第三是外部环境。将人、动车组、环境结合在一起，通过控制、调度、监测和管理手段，让高铁安全运营，就是安全监控系统的主要任务。

高铁安全系统的执行核心就是中央安全信息管理系统，这个系统含五个子系统，分别是环境监测与报警系统、列车控制与指挥系统、设备检测与维护系统、电力供应及检测系统、应急处理系统。我们已经在前面介绍了列车控制与指挥系统中的列控系统，那么其他的安全子系统都有什么过人之处呢？

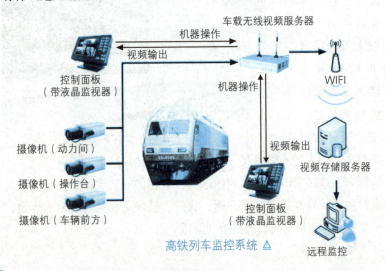

高铁列车监控系统 △

　　高速铁路安全系统能够预测、预报环境及自然灾害，及时处理各种突发事件，维持高速铁路的正常经营运行，是高速铁路正常运行的安全基础保障。其中环境监测与报警系统是对沿线铁路和自然环境进行监测，当预测到可能会发生灾难时，系统会及时进行报警。监测的主要内容是地震、洪水、泥石流、落石、暴风雨、大雾等危及列车安全运行的自然灾害。列车控制与指挥系统主要是列车安全运行的自动控制和集中指挥系统，由调度中心集中管理在高速铁路上运行的所有动车组，通过列车自动控制系统保证列车安全运行。

　　设备检测与维护系统是一套对设备技术状态进行检测，对主要零部件质量进行诊断以及对车辆悬垂物等进行监视的系统。该系统检测线路的几何形状和平顺性，检测机车通信设备等运行情况，为维修提供依据。电力供应控制及检测系

高铁"救护车"　△

统主要负责高速铁路系统的电力供应及供电设备的检测，保证不间断地为高速铁路供电，并在发现设备异常时能进行及时预防和检修。应急处理系统主要是为列车发生意外事故进行应急处理，以使意外事故对高速铁路系统造成的伤害达到最小，并及时恢复高速铁路系统的正常运行，以避免二次伤害的发生。例如发生列车脱轨、翻车等事故的处理。

　　高铁安全系统中核心要素之一是"人"，这个要素包含了两个方面的内容，第一指的是乘客，第二指的是保证安全系统正常运作的铁路职工。安全系统的最终目的是为了乘客安全，而铁路职工的责任是为了保证安全系统正常运转。

　　安全系统的主要设备，必须质量可靠，对于外部恶劣环境造成的危险因素能够及时排除，所谓人命关天，只有人、机、环境协调在一起，安全系统才能真正成为高铁运行安全的保护神。

四　磁浮铁路
——列车悬浮不是梦想

1 磁浮铁路填补速度空白

　　高铁的最高试验速度是由法国的TGV在2007年创造的，时速达到了574.8千米，但是运营速度一般为每小时250千米到350千米。试验速度是一组通过科学试验获得的数据，有很大风险因素在里面，且不能用于载客，运营速度才是我们乘坐高铁时享受的速度。飞机的巡航速度一般每小时为700至800千米，因此在350千米和700千米之间存在着一个速度空白区，在磁浮铁路登台亮相之前，这个空白区一直没有被填充，而磁浮铁路登上速度角逐的舞台时，刚好填补了这个空白。

　　磁悬浮列车速度快、耗能低、安全舒适、无污染。世界上的磁浮列车按照产生磁场的导体不同，可分为两大类，一类是常导磁浮列车，另一类是超导磁浮列车。常导磁悬浮列车速度每小时可达400~500千米，超导磁悬浮列车每小时可达500~600千米。因此这种运输方式介于高铁和航空之间，具有很强的竞争力。它所具备的速度优势，使乘客在旅行距离为1 000至1 500千米的时候，能够获得比乘坐飞机更多的便捷。

我国第一列磁浮列车 △

　　我们都知道，高铁的速度再快，也需要轮对在固定的铁轨上运行，通过轮对与钢轨之间的黏着力而前进，高铁除了要克服空气阻力之外，还要克服无法消除的轮轨之间的摩擦力。同时，高铁的车轮在高速旋转时，会产生很大的离心力，当车轮的材料无法克服离心力时，车轮就会被撕碎。鉴于上面两个原因，高铁的速度终归还是有一个上限，不可能无限制地提高。虽然法国TGV机车在不牵引车厢的情况下创造了世界第一速度，但是并不能在载客运营中采用这个速度，因为实在太危险了。经过科学家大量的试验后得出的结论是，高铁最高运营速度不能超过每小时500千米，一旦超过这个速度，高铁的轨道、车辆以及其他设备会加速磨损，给旅客安全带来巨大隐患。

　　而磁浮铁路是通过电磁铁的异性相吸、同性相斥的原理建造的。同性相斥让车厢悬浮在空中，同时给车厢以向前的推力；异性相吸牵引列车前进。由此可知，磁悬浮列车在高速运行时是不需要车轮的，这就意味着车轮与轨道之间的摩擦力为零，磁浮列车唯一要克服的就是空气阻力，这就让它的速度有了很大的提升空间，最终超越了高铁，直追飞机。

　　除了速度优势之外，磁浮铁路还具有很多优点，比如采用了无接触、无摩擦和无磨损的支承、导向与驱动技术，通过安装在轨道上面的同步长定子线性电动机提供动力，在各种速度条件下均能保证乘客安全舒适。磁浮列车加速时间短、制动能力强，因为没有摩擦阻力，列车可以高速通过小曲线半径，并且有强大的爬坡能力。因为只是克服空气阻力，所以列车运行时噪音很低，单位能量消耗少，运营成本低。磁浮铁路，真是好处多多。

上海磁浮列车 △

2 世界磁浮铁路发展回顾

　　磁浮铁路虽然是挑战地面列车速度极限的一种交通方式，但是它的研究和起源要追溯到20世纪20年代。1922年，德国工程师赫尔曼·肯佩尔首次提出了电磁悬浮的理论，并在1934年申请了磁悬浮铁路的专利。1935年，他设计了磁悬浮原型车并进行了试验。20世纪40年代，美国等国家也着手研究磁浮铁路技术，并成功研发出磁性支撑。1959年，普罗根提出了带导向轨的永久磁铁相斥式磁浮铁路。到了60年代，美国、英国、日本、德国等国同时进行了磁浮铁路的应用性研发。1969年，德国克劳斯马非公司研制成功磁悬浮试验车，次年达到了每小时164千米的试验速度。1983年，德国磁悬浮试验线列车创造了每小时412千米的高速度，1993年达到了450千米/小时。1972年，日本开始了磁悬浮列车的运行试验，27年后创造了载人试验速度552千米/小时。1974年，英国开始进行磁悬浮列车试验，十年后在伯明翰建成世界上第一条商业运营的磁浮铁路，全长600米，衔接机场和火车站，全程运行90秒钟，在安全运行了11

日本磁悬浮列车 △

年之后，于1996年关闭。苏联是世界上第一个进行超导电动磁悬浮实验的国家，在20世纪70年代建立了磁悬浮列车研发中心和试验线，在80年代初计划修建长约60千米的商业运营线路，但是最后计划流产。除了上述国家之外，韩国、罗马尼亚、加拿大、法国、瑞士、澳大利亚和中国也都积极参与研发磁浮铁路技术，并取得了一定的成绩。

我国在磁浮铁路领域的研发虽然开始较晚，但是经过科学家的不懈努力，研究有了很大突破，取得了很多自主知识产权。2003年，我国引进德国技术修建了上海磁浮铁路，西起上海轨道交通2号线的龙阳路站，东至上海浦东国际机场，专线全长29.863千米，全程只需8分钟。除了上海磁浮铁路之外，在长沙、北京和唐山都修建了磁悬浮列车试验线，国防科技大学和西南交通大学是国内研究磁悬浮技术最权威的两个单位。

磁浮铁路发展到今天，日本和德国的技术在国际上领先一步，代表了两种完全不同的发展方向。日本着重于研究超导高速磁悬浮技术并取得了成功。而德国人的一贯严谨作风，让他们在权衡利弊之后，认为超导高速磁悬浮技术未来发展很困难，于是全身心投入到常导高速磁悬浮技术的研发中，最终，日本和德国分别在超导和常导超高速磁悬浮领域都取得了巨大突破，并在商业运营上取得了成功。

经过世界各国几十年的研发，现在形成了以日本为代表的超导超高速磁悬浮ML技术、以德国为代表的常导超高速磁悬浮TR技术和以日本研发的主要用于中短途运输的中低速磁悬浮HSST技术。

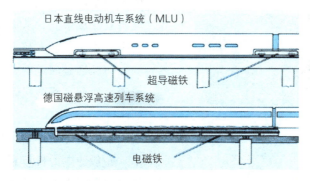

日本直线电动机车系统（MLU）

超导磁铁

德国磁悬浮高速列车系统

电磁铁

日本和德国的磁悬浮不同之处 △

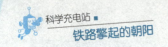

3
磁浮铁路的技术原理

　　磁悬浮列车工作时主要利用了电磁铁同性排斥、异性吸引的基本原理，从而使得列车悬浮在车轨上方，列车在磁力的牵引下高速前行，同时通过设置在车厢两侧的磁铁自动调整姿势以避免倾斜。下面以超高速磁悬浮列车为例，看看磁悬浮铁路需要解决哪几项技术难题。

　　第一是电磁铁的选择。电磁铁一般分为常导磁铁和超导磁铁，常导磁铁是在常温下给电导体充电，从而产生电磁力。超导磁铁是在一定温度下让导体的电阻变成零的状态下，再充电从而产生电磁力。在超导状态下，由于超导材料的电阻为零，用它制成的绕组一旦施加电流之后，会永不衰竭，可以得到数十倍于永久磁铁的磁场强度。很明显，超导磁铁因为没有电阻，电流通过时不会产生热量，进而减少了电力的损耗，是一种最理想的电磁铁。

　　第二是采用直线电机提供牵引力。传统的电机是圆形的，通过转子绕着固定轴（定子）旋转产生电力，而磁悬浮铁路采用非轮轨接触的牵引技术，它使用的直线电机沿着轨道一字铺开，就相当于将圆形电机展开成平面，从而获得牵引动力。由于车辆上超导磁铁的磁场方向极性是固定的，因此车辆将随着地面直线电机磁场的移动而前行。

　　第三是磁悬浮列车的驱动技术。一般的电力机车利用受电弓从接触网接受电力，然后传送给

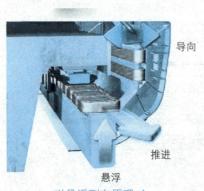

导向

推进

悬浮

磁悬浮列车原理 △

设在车辆转向架上的传统旋转电机，从而让车轮与轨道之间产生黏着力，进而驱动列车行驶。而磁悬浮列车在每节车辆两端和两侧均安装有电磁铁，通电之后产生磁场N极和S极。通过某种控制手段，使得前方地面磁场与车辆磁场的极性相反而产生牵引力，后面相邻地面磁场与车辆磁场产生的极性相同而产生推力，使得车辆向前运动。

第四是磁悬浮列车的悬浮技术。磁悬浮铁路比轮轨铁路优越就在于，它利用了电磁铁同性相斥原理而产生电磁悬浮，将列车悬浮在导轨上方，从而消除了轮轨接触所产生的摩擦力。

第五是磁悬浮列车的导向技术。传统的轮轨接触型铁路，列车的导向是通过轮缘与钢轨的相互作用实现的。而磁浮铁路在导轨侧壁安装有悬浮及导向绕组，如果车辆在平面上远离了导轨的中心位置，则系统会自动在导轨每侧的悬浮绕组中产生磁场，通过与车辆磁场相吸和相斥作用，调整列车的位置，让它乖乖沿着线路中心前进而不偏离轨道。

第六是磁悬浮列车的速度控制技术。普通的轮轨列车由司机驾驶，司机可以通过调度中心的指令进行加速、减速或者停车。超高速磁悬浮列车由于速度太快，为保证列车安全准确行驶，对车辆的加速、减速、停车等控制不能依靠司机，必须依靠地面控制中心远程控制。地面控制中心通过调节变电站送到导轨驱动绕组的电流的周期和大小，改变磁场的强弱，来实现对列车的控制。

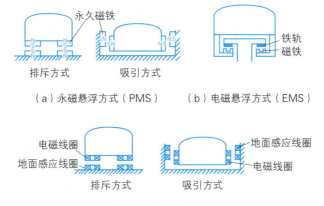

磁悬浮的主要方式 △

4 为磁浮铁路分门别类

磁浮铁路因为采用的技术很先进也很复杂，因此其分类方式也是多种多样的。按照线路长度划分，可分为干线磁悬浮铁路、城际磁悬浮铁路和城市内磁悬浮铁路。干线磁悬浮铁路线路长度超过500千米，适合省际远距离的旅客运输。城际磁悬浮铁路衔接相邻两个城市，线路长度一般在500千米以下，承担城市之间的旅客运输任务。城市内磁悬浮的线路长度一般不会超过50千米，只是作为城市轨道交通的一部分，列车的时速也不高。

如果按照铁路速度划分，磁浮铁路可以分为每小时速度小于120千米的低速磁悬浮；时速大于120千米但是小于200千米的为中速磁悬浮；时速大于200千米但是小于350千米的为高速磁悬浮；时速大于350千米的超高速磁悬浮。中低速磁悬浮一般作为城市轨道交通的一部分，与轻轨、地铁等一起，为城市交通服务。高速和超高速磁悬浮一般用于长距离的铁路运输。

因为不同的磁悬浮技术采用的导体材料不同，磁浮铁路还可分为超导磁悬浮和常导磁悬浮，这也是日本和德国主要研究的技术。超导磁悬浮的线圈绕组使用超导材料，超导材料在一定的温度下就会处于超导状态，超导绕组内的电阻为零。超导电磁铁能产生强大的磁场，具有极高的工作效率，因此可以使列车获得较大的悬浮高度和更快的运行速度。超导磁悬浮技术还可细分为低温超导磁悬浮和高温超导磁悬浮。而常导磁悬浮使用普通材料制成线圈绕组，采用普通导体通电产生电磁悬浮力和导向力。

磁悬浮列车利用布置在导轨上的直线电机产生磁力牵引运行。直线电机可分为三种，分别为长定子直线电机、短定子直线电机和分段式长定子直线电机。长定子直线电机安装在导轨上，导轨有多长，电机就可以铺设多长。短定子直线电机安装在车辆上，也称为直线感应电机。分段式长定子直线电机则是分段铺设在导轨之上。三种不同的电机适用于不同驱动方式的磁浮铁路上。

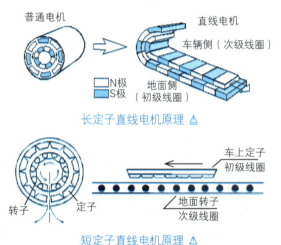

普通电机　　　　　　　　　　　　直线电机

车辆侧（次级线圈）

□N极
■S极　地面侧
　　　（初级线圈）

长定子直线电机原理 △

车上定子
初级线圈

转子　　　定子

地面转子
次级线圈

短定子直线电机原理 △

还可以根据直线同步电机和直线感应电机划分磁悬浮的种类，直线同步电机一般采用长定子技术，转子磁场与定子磁场同步运行，控制定子磁场的移动速度就可以准确控制列车的运行速度，适合高速和超高速磁浮铁路。直线感应电机的转子磁场与定子磁场不同步运行，故也称为直线异步电机，运行中需要地面供电装置对磁悬浮列车接触供电，不能实现车辆、线路之间完全无接触地运行，适合中低速磁浮铁路使用。按照驱动方式还可划分为导轨驱动和列车驱动两种类型。导轨驱动也称为路轨驱动，直线电机的定子线圈设置在导轨上，采用长定子同步驱动技术，一般用于干线或城际交通。如果列车驱动的直线电机的定子线圈设置在车辆上，列车的运行由列车司机控制，则属于中低速磁浮铁路。

磁浮铁路还可以按照悬浮方式分为电磁悬浮和电动悬浮两种。电磁悬浮属于磁吸式悬浮，悬浮高度一般约为8～12毫米。电动悬浮称为磁斥式悬浮，悬浮高度一般约为100～150毫米。

5
超高速磁悬浮技术

日本和德国在超高速磁悬浮技术领域处于领先地位。超高速磁悬浮技术分为超导超高速磁悬浮和常导超高速磁悬浮两种，日本专注于前者，德国致力于后者。超导超高速磁悬浮技术就是利用超导磁铁产生磁力，让列车悬浮并驱动运行的技术。这种技术的核心部件是超导磁铁和直线电动机。超导磁铁一般安装在车辆的两侧，是由放置在低温容器里面的超导线圈构成的，通电之后可以产生四个交叉排列的N、S磁场极性。

直线电机不同于传统的旋转电机，传统的轮轨式铁路列车获得的牵引力来自于轮轨相互接触和相互作用产生的黏着力。旋转式电机安装在内燃或者电力机车上面，通过电机里面的定子产生旋转磁场，使得转子旋转产生动力，驱动列车运行。而磁浮铁路采用的是非轮轨系统，车辆运行期间和导轨不接触，而是使用直线电机产生牵引动力。直线电机就相当于将旋转电机展开沿着导轨铺设，通电之后产生地面磁场，再与车辆上的超导磁铁产生的磁场相互作用，进而产生驱动力。车辆随着地面直线电机产生的磁场移动而向前开行。

那么，车辆是如何向前移动的呢？原来，地面磁场的强度由控制中心遥控，车辆前面的地面磁场产生的磁极与车辆超导磁铁磁极相反，异性相吸，车辆被吸引前进；后面磁场产生的磁极和车辆上的磁极相同，

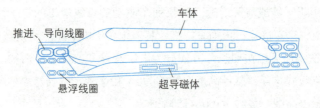

超导磁悬浮技术 △

同性相斥，推动列车前进，在一推一拉的作用下，车辆便启程了。由于超导磁悬浮的速度很高，司机根本来不及控制，这就需要由地面的控制中心遥控改变磁场的大小，进而调整列车的运行速度。由于列车的驱动是由导轨上的磁场与车辆上的磁场相互作用产生牵引动力，因此，这种铁路也叫导轨驱动式磁浮铁路。

由于磁悬浮列车需要悬浮在空中，这就需要有一种力把车厢抬起来，这种力也是磁力。超导磁悬浮列车产生的磁力来自于导轨两侧，而不是车辆底部。因为在导轨两侧的侧壁上安装悬浮和导向线圈，当列车高速通过时，列车上的超导磁铁会与这些线圈发生感应，产生磁场。由于导轨两侧的线圈分为上下两部分排列，上面线圈的感应磁场与车厢上面的磁场磁极相反，下面线圈产生的磁场磁极相同，上面产生吸引力，下面产生排斥力，一吸一抬之下，车辆便悬浮在了空中。

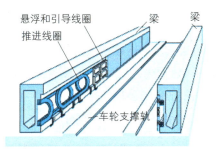

超导磁悬浮线圈 △

车辆产生了驱动力和悬浮力，按说应该可以安全运行了吧，但是，还不可以。因为还差一个导向功能，没有这个功能，列车高速运行时就会撞向线路两侧，后果不堪设想。如何让列车自动导向？利用导向线圈就行了。这些导向线圈也是安装在导轨两侧，通过与车厢上面的超导磁铁产生的磁场相互作用，列车一旦偏离了线路中心，如果靠近了线路一侧，防护墙就产生排斥力，远离了线路中心，就产生吸引力，使得列车既不能偏左，也不能偏右，保证它规规矩矩沿着线路奔驰。常导超高速磁悬浮技术除了电磁铁类型不同之外，其余技术原理同超导超高速磁悬浮大同小异。

6 中低速磁悬浮技术

　　中低速磁悬浮技术也同样包含悬浮技术、驱动技术和导向技术，在技术原理上却与超高速磁悬浮技术迥然不同。这种磁悬浮技术采用磁铁吸引铁板的原理。整个轨道梁全部采用钢板铸成，在两侧端部向下弯曲，形成一个倒U形的磁性轨道结构。列车的车厢上跨并环抱轨道，车辆底部安装有电磁铁，也向下弯曲到轨道梁的U形结构下方，并与其相对，呈正U字形结构。两个U字相对，就像两个磁极相反的U形磁铁两两相对一样。因为异性相吸，车辆底部的电磁铁对轨道梁产生向上的吸引力，车辆便随之向上悬浮。磁铁和轨道梁之间还要保持一定的间隙，因为如果没有间隙，轨道梁就和电磁铁吸附在一起，车辆便会被锁死而不能运行。这就必须采取一种感应设备，时刻检测电磁铁和轨道梁之间的距离，通过调节电磁铁的电流强度，来调节磁力大小，进而调整轨道梁和电磁铁的间距，使之始终保持在8毫米左右。

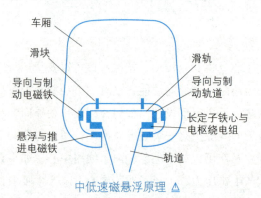

中低速磁悬浮原理 △

　　要想让磁悬浮列车稳定运行，就需要采用导向技术让其沿着轨道中心线前行。中低速磁悬浮列车也是通过"倒U形"轨道梁和"正U形"

车辆的电磁铁的相互吸力，来调节列车左右的摆动量，让列车保持在固定的线路上。中低速磁悬浮列车的驱动方式也和超高速的磁悬浮列车不同，后者因为速度高，司机不能直接控制车辆，而是通过地面控制中心控制列车，是一种地面驱动方式；而中低速磁悬浮列车速度不高，司机完全可以控制行车，无需地面中心直接控制，采取的是列车驱动方式。中低速磁悬浮列车采用短定子直线电机供电，电机的定子安装在车辆上，转子铺设在轨道上，通过感应磁场实现列车的牵引。

中低速磁悬浮列车需要外部供电才能让电磁铁产生磁力，让直线电机产生牵引力。列车直接从导轨一侧的直流供电器获得1 500V的直流电，在车辆的底部设置有电刷，在列车运行过程中通过电刷接触供电，就像高铁动车组顶部的受电弓从接触网上受电一样。

唐山中低速磁悬浮列车试验线 △

与普通的轮轨系统列车相比，中低速磁悬浮列车采用悬浮架抱轨运行，没有脱轨风险、安全可靠、建设周期短、建设成本低，造价只是地铁的2/3。运营管理成本低、转弯半径小，最小转弯半径50米，爬坡能力强、线路走向选择灵活、低碳环保、电磁辐射甚至比手机对人体的辐射还小。中低速磁悬浮列车最大运行速度可达120千米/小时，能实现全天运营，不受任何恶劣天气的影响，是最适合城市内部交通的一种理想方式。

7 磁浮铁路的基础设施

　　犹如轮轨铁路需要路基、桥隧、线路、车站等设备一样，磁悬浮铁路的线下基础设施也是必不可少的。磁浮铁路需要导轨引导列车运行，需要线路确定运行方向，需要特殊的道岔满足列车转换线路。鉴于磁悬浮技术的特殊性，一般不采用路基形式，而是全线采用高架桥，在合适地点布设车站，以供旅客乘降。除此之外，还需要有车辆检修维护基地，为磁悬浮列车提供动力的牵引供电设备，保证列车安全运行的列车控制设施等。上述各项设施构成了整个磁悬浮铁路整体。

　　首先，安装在桥梁上的导轨，是保证列车高速运行、为旅客提供安全舒适的保障。导轨就相当于普通铁路的轨道，但是比普通轨道结构复杂得多。普通轨道支撑和引导列车，承载列车的重量和冲击力。磁悬浮的导轨列车启动之初承载列车重量，列车沿着导轨低速行驶。在列车高速悬浮之后，列车车辆不再与导轨进行接触，此时导轨上设置的线圈提供悬浮力、牵引力和导向力。磁悬浮列车的电力电缆、通信电缆、感应线圈、同轴光缆都设置在线路两侧的导轨梁侧壁之上。

磁悬浮导轨 △

道岔也是磁浮铁路不可缺少的设备，主要由连通正线和侧线的可动导轨、转换装置和锁闭装置构成。通过转换装置调整导轨的位置可以实现列车在不同线路之间的切换，通过锁定装置可以将导轨固定在某一个开向，保证列车高速安全通过。根据用途的不同，磁悬浮道岔

磁悬浮道岔 △

可分为线路上用的道岔和车辆维修基地用的道岔。二者因为列车的通过速度不同，结构差异也很大。线路上用的道岔最高直向通过速度可达每小时400千米，而维修基地上面所用道岔通过速度为每小时100千米以下。

磁悬浮的桥梁主要用来支撑导轨。对于超高速磁浮铁路而言，轨道的微小不平顺会影响结构的稳定性、乘客的舒适性和列车运行安全性，因此对桥梁架设精度要求很高，需要控制桥梁的挠度，减少对列车行车的影响。对于中低速磁浮铁路而言，桥梁的挠度对列车运行影响不大。磁悬浮列车高速通过隧道时，会产生气压变化、微气压波和行驶阻力，其中气压变化会造成乘客耳朵不适，对车体的结构也会造成巨大压力。微气压波是被高速运行的磁悬浮列车挤压的空气，在冲出隧道一刹那突然释放，也会对乘客听力造成损害。因此磁悬浮的车辆和隧道的修建必须考虑减少甚至消除这些不良影响。一般通过在磁悬浮铁路的隧道口设置气压缓冲装置来减弱微气压波，诸如在隧道口外将缓冲装置设置成喇叭口，或者在缓冲装置的两侧设置透气的窗口，以及扩大隧道的横截面等方式，可以有效解决上述问题。

磁浮铁路车站一般为高架式，设置停车站台和乘客升降装置，方便旅客乘车。磁悬浮列车的检修基地和动车组检修基地性质相同，主要是为了对列车进行定时检修保养，使之保持在良好状态。

8 磁浮铁路的牵引供电

对于磁悬浮列车而言，它的核心部件是电磁铁，这就需要为其提供电力才能产生磁力。磁悬浮铁路是通过外部电源供电，通过直线电机与车辆上的电磁铁发生电磁感应，产生牵引动力、悬浮力和导向力，以此来驱动列车运行。要为磁悬浮供电，首先需要外部电源，然后通过变电站将外部电源的电压变成适合列车的电压等级。

下面以超高速磁悬浮列车为例，介绍牵引供电的方式。磁悬浮铁路的变电站与普通铁路不同，需要按照列车的控制要求及时改变电压和频率，使得列车按照设定的程序自动运行。磁悬浮列车的供电不是采用全线贯通供电方式，而是采用分段供电，即哪个区段运行列车，就向那个区段定点供电。供电设备的核心部件就是变流器，变流器可以将电力公司提供的高压电转换为列车运行所需的电压等级，一般转化方式采用"交流—直流—交流"的模式进行，通过控制电流的大小来实现对直线电机的操控。列车的速度因为行车需要时刻发生变化，这就要求供给直线电机的电流也时刻变化。上述供电原理虽然简单，但是实施起来需要极为复杂的技术手段。

铺设在线路上的直线电机相当于旋转电机的定子线圈，安

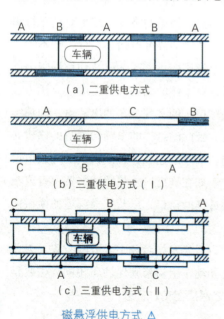

（a）二重供电方式

（b）三重供电方式（Ⅰ）

（c）三重供电方式（Ⅱ）

磁悬浮供电方式 △

装在车辆上的电磁铁相当于转子线圈，二者相互作用产生牵引力和悬浮力，所以外部电力只需供给铺设在线路上的直线电机即可，不需要向车辆提供牵引和悬浮电力。但是，即使车辆本身不需要外部电力提供牵引力和悬浮力，车辆内部的照明、空调、压缩机、车辆支撑系统等还需要提供必要的电力维持运行，这时可以采取蓄电池和无接触发电的供电方式。蓄电池不用多说，属于人人都知道的设备。而无接触发电是利用车载发电机和安装在车辆两侧的电磁铁以及导轨上的感应线圈来发电的。电磁铁在导轨上高速运动时与感应线圈产生电流，感应电流产生变化的磁场，变化的磁场让车载发电机发电。

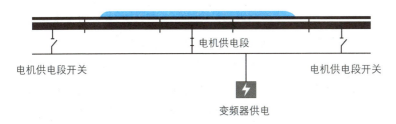

磁悬浮直线电机供电 △

说完超高速磁悬浮，再来看看中低速磁悬浮的供电技术。中低速磁悬浮是利用车辆上的电磁铁与导轨之间的电磁作用驱动列车运行，牵引控制通过列车来实现，属于列车驱动方式。这种供电方式与超高速磁悬浮列车完全不同，因此中低速磁悬浮必须给车辆供电产生牵引动力。其供电系统包括变电所、供电电缆、汇流集流设备以及各种辅助电源设备，通过上述设施，外部电源的电力输送至磁悬浮列车，提供列车的牵引、悬浮、导向、制动控制、通信信号、空调照明动力。

随着科技的一日千里，磁悬浮列车的牵引供电系统还会继续优化升级，让电力应用得更加充分，列车运行更加快捷、安全、环保，成为最具有竞争力的交通工具。

9
磁浮铁路的列车控制

我们驾驶汽车，就是在控制汽车的运行；我们乘坐高铁，高铁的运行也是由司机和调度中心联合控制。超高速磁悬浮列车的速度比高铁还快，其技术和原理也截然不同，这就意味着控制磁悬浮列车的运行，需要更加先进的技术手段。

磁悬浮列车的运行控制系统由列车的定位系统、列车运行控制系统、车辆控制系统与地面控制中心组成。超高速磁悬浮列车控制系统采用分级管理模式，首先由控制中心负责全线运行图的管理，控制和监视整个线路的设备。在线路沿线还设有分散的控制子系统，监控每个供电区段的列车运行，每个分散的子系统都是由中央总控制中心进行管理，通过移动通信手段保持联系。磁悬浮列车的运行控制就由这些地面控制中心直接操控。除了中央控制中心和地面控制中心，磁悬浮列车还需要移动控制系统来保证行车安全，这个移动控制系统也叫车辆控制子系统，它对车辆上的重要设备进行监控管理，在遇见紧急情况时，地面控制中心来不及操控列车，就需要车辆控制系统紧急处理。

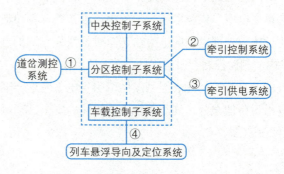

磁悬浮列车控制系统示意图 △

在列车运行期间，控制中心的管理人员需要随时关注车辆的实时动态位置，这就需要列车定位系统发挥作用。如果没有这个系统，遥控列车也就成了空谈。普通铁路的列车定位是通过车轮与轨道电路来检测列车的位置，通过信号控制来保证相邻两列火车不至于冲撞或者追尾。磁浮铁路的列车定位是通过直线电机来实现的。我们前面谈到过，超高速磁悬浮列车是采用分段供电方式，列车运行到哪个区段，供电就跟到哪里，也是根据这个原理，通过控制直线电机的通电区段，就可以检测到列车的准确位置。

对于车辆而言，车上安装有特制的控制装置，在与地面信号传递的同时，进行车载设备的安全控制。超高速磁悬浮列车在悬空之前需要在线路上低速运行一段距离，车载控制系统可以放下导向车轮，让列车加速，待车辆悬空之后，再将车轮收起，列车实现悬空运行。

磁悬浮的运行安全主要保证车辆系统的安全，保证列车安全运行的另一大措施就是列车制动。相对于普速列车而言，时速超过500千米的磁悬浮列车的制动系统需要更高的可靠性。目前，超高速磁悬浮列车采用的制动方式主要有再生制动、电阻制动、涡流制动和滑橇制动等方式。再生制动和电阻制动都是通过直线电机来进行的，再生制动可以将制动产生的电流反馈回电网，电阻制动将制动产生的电流变成热量消耗。涡流制动通过电磁铁产生与牵引力相反的动力，以此达到制动的目的。滑橇制动就像飞机降落时机翼上面打开的减速板，通过减速板进行减速。

磁浮列车安全正点，控制技术功不可没。

上海磁悬浮控制中心 △

10
未来的磁悬浮交通

　　磁悬浮交通实现了安全、高速、节能、环保、低造价，是一种非常理想的交通工具，再进一步发展，完全可以与飞机一争高下，可谓前途无量。随着科技的进步，更多的新型交通工具会不断出现，科幻中的想象，会越来越多地变成现实。在2012年上映的《全面回忆》中，就出现了一种新型的个人交通工具——磁悬浮汽车，可以通过调整汽车底盘下面巨大的电磁铁产生悬浮力和驱动力，令人印象深刻。其实这种交通工具在现实中的应用已经不再遥远。美国在20世纪70年代就开始研制磁悬浮飞机，磁悬浮飞机的外形和普通的飞机类似，当然，这种飞机并不能在天上飞，而是像磁悬浮列车一样沿着导轨悬浮高速飞行，是一种更加独特的磁悬浮列车。磁悬浮飞机的原理与日本的超高速磁悬浮列车类似，区别之处就在于磁悬浮飞机采用弧形股道来提供悬浮力和导向力，采用大型永久磁铁产生10厘米高的悬浮空间，可以比磁悬浮列车更高的悬空间隙和速度运行。

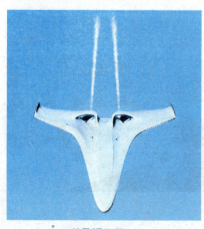

磁悬浮飞机 △

　　而瑞士研发的磁悬浮地铁是一种地下高速磁悬浮交通系统，其概念设计早在1974年便已经由瑞士工程师提出。这种列车在狭窄的准真空隧道中高速运行，最高可达500千米/小时，载客400~800名。磁悬浮地铁利用直线电机驱动，依靠磁浮力悬空运行，隧道内的空气被抽至接近真空状态，相当于高空1.5千米的大气压，大大减小了空气阻力，减少了能耗。但是这种所谓真空管道需要连续设置气压泵，以保证所需要的压强，且速度与超高速磁悬浮列车区别不大。

美国研发的"天行者号"个人高速交通系统，类似于科幻电影里面的磁悬浮汽车，这种汽车在遍布全城市的磁悬浮轨道交通网络上运行，通过电脑控制，时速可到160千米。一辆汽车可以乘坐一到两个人，随时随地出发，可以方便地到达城市的任何地方，像打出租车一样，还不会遇见令人厌烦的堵车问题。

最具有科幻色彩的当属真空管道高速磁悬浮交通。真空磁悬浮交通系统由真空管道、进出站点和磁悬浮运行舱组成。这些管道修建在地上、地下或者海底，管道内全部抽成真空。在管道中行驶运行舱，利用磁悬浮技术使运行舱在真空管道中悬浮起来，在行驶过程中不存在任何摩擦力，可以将能耗降到最低，时速可达每小时4 000多千米，从北京到纽约，只需要花两个半小时。真空管道磁悬浮交通系统需要解决几个难题，第一是真空管道材料要求高强度、高密封、高耐久；第二是网络智能控制系统；第三是磁悬浮的磁力和导向力，要保证运行舱不能出轨；四是真空管道铺设的直线状态，弯道越少，速度就会越快。

磁悬浮列车已经从科幻走进现实，那么畅想更加激动人心的未来，会给我们更多前进的动力。

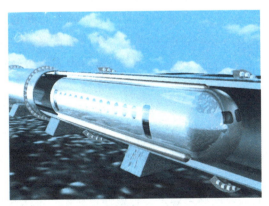

真空磁悬浮列车 △

五 城轨交通
——靓丽的城市风景线

1 解决城市堵车的灵丹妙药

城市轨道交通的发展历史与铁路一样古老，并且随着城市的兴起、扩展而兴衰。在城市轨道交通出现之前，即使长距离、大运量的铁路运输已经成了主流，也并未给城市本身的交通带来什么方便。毕竟，铁路解决的是城市之间长距离旅客与货物的运输问题。居住在城市里面的人们，或者步行，或者乘坐马车和人力车。所以，如果我们回到19世纪的伦敦或巴黎，漫步街头，除了呼吸着令人窒息的污浊空气之外，就是看到大街上马车与行人匆匆而过的身影。不过，任何新技术的出现，总是有人想到用它来改变自己的生活。

雾霾城市 △

随着时间的推移，城市继续向外扩展，大量的人流涌进城市中心，曾经通畅的大街被无数马车填满，污染、噪声、堵车，成了100多年前大城市的家常便饭。而随着汽车的出现，这种交通状况愈加恶劣，汽车的旅行时间越来越长，人们在路上耽搁的时间越来越多，这就逼迫有识之士想办法解决交通拥堵问题，就像我们今天生活在大城市里天天面对的问题一样。经过不懈的努力，方便城市居民的轨道交通第一次出现在了雾都伦敦，时间是在1863年，就在铁路商业化运营30多年之后。那是一条被笨重的蒸汽机车牵引的一条地下铁道，起自帕丁顿站，终至法灵顿站，线路全长约6.4千米。这条地铁正式运营是一个划时代的标志性事件，它预示着交通运输可以不止一种方式，不止一个空间，只要技术可行，上天入地的立体交通方式均可实现。

我们现在回顾百年前的交通，同时环顾我们所在的城市，就会看到轨道交通苍老与年轻的身影交织在一起。现在中国的大都市正经历着100多年前西方国家大城市所经历的一切。汽车的无限制发展，

拥堵的城市 △

让城市很快就陷入了无休止的堵车和污染之中。汽车对于城市的污染要比马车严重得多，仅在2013年3月，雾裹北京时间长达一个月，这虽然不都是汽车的"功劳"，但是汽车尾气肯定占了很大原因。于是寻求更加方便快捷、污染小的交通方式已经迫在眉睫。这种交通方式能准时、定点、快捷、零污染、大运量、低能耗、与其他交通方式无干扰，而城市轨道交通就是最佳的选择。地铁可以在地下穿梭，快速大规模地转移乘客，轻轨可以在城市的高架桥上运行，履行交通职能的同时还可以作为城市的风景线。现代有轨电车可以取代公交车沿着固定线路行驶，方便旅客的出行。独轨交通或者跨坐或者悬挂，可作为地铁和轻轨两种交通方式的补充，解决乘客最后一千米的交通难题。市郊铁路衔接大都市和它的卫星城，解决居住在卫星城居民在大都市上班的需要。而无人驾驶的新型自动导轨交通可以实现全自动化控制，按照计算机设定的程序在城市间奔驰。

轨道交通的生命力，就在城市的需求中熠熠闪光。

2 国内外城轨交通发展概况

　　可以毫不夸张地说，城市轨道交通的兴起都是大堵车的直接结果。就拿北京而言，城市主干道的汽车运行速度比十年前降低了一半，而且还以每年2千米的速度持续下降。公交车的运行速度从20世纪60年代的每小时40千米下降到了现在的10千米。如果没有可以替代的交通方式出现，用不了多久，城市交通就会彻底陷入瘫痪。幸运的是，地铁、轻轨等交通方式终于登台唱起主角，也算是挽救城市于水火。

　　从100多年前伦敦修建第一条地铁开始，城轨交通技术不断发展完善，并且以地铁为代表，发展出了轻轨、有轨电车、独轨交通等多种多样的交通工具。1890年，伦敦建成世界上第一条电力牵引的地铁线路；1892年，美国芝加哥建成了世界上第二条蒸汽牵引的地铁，三年以后电气化地铁开通运营；1900年，巴黎地铁首次投入使用；1902年，德国柏林地铁开张纳客。紧接着，东京、莫斯科等也不甘落后，纷纷修建地下铁道，其中莫斯科地铁还成了世界上艺术含量最高、并且运量世界第一的地铁线路，年运输旅客32亿人次。首都北京的地铁开通于1969年，而天津是国内第二个修建地铁的城市，上海是第三个。如今全

莫斯科地铁站 △

国百万级人口以上的城市都正在修建或者申请修建地铁，地铁的建成将会给居民的出行带来很大的便利。

　　轻轨是仅次于地铁的交通工具。原来的轻轨专指有轨电车。世界上第一条有轨电车轨道出现于1888年的美国弗吉尼亚州，仅仅过了不到30年，美国就有370座城市运营有轨电车。而中国也不落后，在20世纪初期的北京、上海、天津等地，有轨电车大规模出现。不过，随着汽车越来越普及，有轨电车逐渐被淘汰，消失在历史的舞台上。随着现代技术的发展，老旧落后的有轨电车已经被技术先进的现代有轨电车所取代，作为干净、环保、快捷的交通工具，受到很多城市的青睐。如今，大连、长春、天津滨海新区等地都开通了现代有轨电车。而现在，轻轨概念已经和现代有轨电车分开了，它的运量介于地铁和现代有轨电车之间，大部分都是以高架的面目出现在城市里。国内比较有名的轻轨有上海轨道交通明珠线、天津的津滨轻轨等。

　　独轨交通俗称空中列车，列车通过跨坐在单条轨道上或者悬挂在轨道上运行。这种独特的交通方式早在1821年的英国就出现了，当时用于马拉货车在码头运货。1888年，跨座式独轨交通在法国正式运营。1893年，德国发明了悬挂式独轨交通。由于这种交通工具运量小、速度低，技术要求较高，一直没有在全球普及。目前，国内第一条独轨铁路修建于重庆，于2004年开通运营。

上海轻轨明珠线 △

3 为城市选择合适的轨道交通

　　城市轨道交通分类有很多种方式，比如按线路的空间位置划分，可分为地下铁道、地面铁路和高架铁路。按轨道形式划分，可分为重轨铁路、轻轨铁路和独轨铁路。如果按照列车运行导向的方式划分，可分为钢轮双轨、胶轮单轨和胶轮导轨系统。按照最关键的运输能力划分，可分为大运量系统、中运量系统和小运量系统。如果按照路权专用程度划分，可分为线路全封闭型、线路半封闭型和线路不封闭型。按服务区域分类划分，可分为市郊铁路、市内铁路和区域快速铁路。

　　国内一般都是按照轨道类型来划分，总共有八种交通方式，除了耳熟能详的地铁之外，还有轻轨铁路、有轨电车、市郊铁路、线性地铁、独轨铁道、自动导向交通和磁悬浮交通。其中以地铁、轻轨、有轨电车和独轨铁道为最经常采用的方式。

地铁车站 △

　　这么多类型的轨道交通，作为城市的管理者，采用哪种方式才最合适呢？如果交通类型选择不当，就会造成浪费投资或者运能运力不够，此时按照运输能力的划分方式就起作用了。城市轨道交通按照运能划分为三类，大运量、中运量和小运量交通系统。如果城市人口密集，以大规模转移旅客为目标，就选择修建地铁。地铁在高峰时单向客运量在每小时3~7万人次左右，属于大容量轨道交通系统，该系统在市区内多为地下隧道线，在所有的城市轨道交通中投资最大，工程最艰巨，修建周期最长，运营速度每小时40千米左右，站间距离1~1.8千米。

如果城市因为修建地铁财力不够，且要求运输能力中等，那么修建轻轨和有轨电车最合适。轻轨和有轨电车泛指高峰时单向客运量在1~3万人次/小时的中等客运量轨道交通系统。其车辆的轴重较轻，对轨道施加的载荷小，一般都是高架或者地面封闭通过，建设投资只

有轨电车 △

是地铁的1/2，轻轨和有轨电车运营速度为每小时30千米左右，站间距离0.6~1千米。

如果对运量要求不高，可采用独轨交通。独轨交通的运能每小时0.5~2万人，运行速度可达每小时30千米，且发车间隔很短，不需要乘客等待太长时间。

而市郊铁路与上述交通工具的功能有些差别。地铁、轻轨等是为了转移城市内部的乘客，且线路不长，运行速度低，站间距离短，充分考虑乘客上下车的需要。但是市郊铁路承担的是城市与近郊、远郊以及卫星城的旅客输送任务，线路长度短的几十千米，长的可以达到数百千米，站间距离一般10~20千米左右不等，列车运行速度每小时120千米以上。

市郊铁路有时候和高铁有交叉重合之处，比如京津城际轨道交通连接天津和北京，既属于高速铁路，也是京津唐环渤海大经济圈里面的市郊线路，运营时速可达每小时350千米。

4 地下铁道

　　地下铁道，顾名思义就是修在城市地下的铁路，它因为轴重相对较重，属于重轨交通系列，采用轮轨系统，单方向高峰输送能力每小时在3万人次以上。地铁根据城市的特殊需要，大部分采用地下穿越，但是必要的时候也可以采用地面或高架形式。地铁的站间距较密，采用电力驱动，线路全封闭，信号自动化控制，具有运量大、速度快、安全、准时、舒适、污染小、节约城市土地资源等优点。缺点就是建设费用高，一旦发生火灾等自然灾害，乘客疏散较困难。地铁也可以划归到普通铁路的范畴，但是它和常规铁路的最大区别就是专门输送旅客。除此之外，地铁的供电系统也和常规铁路不同，不用架设接触网，而是采用第三轨供电的方式，电压采用直流750～1 500伏特。由于地铁具有速度快、发车密度高、时间间隔短等特点，它的信号控制系统从原来的地面信号发展为集自动闭塞、计算机联锁、列车自动监控系统、自动防护系统以及自动运行系统于一体，从而保证列车安全运行。在列车控制方面，它又和高铁的列控系统非常相似。

地铁车站 △

地铁因为位于地面以下十几米甚至几十米，需要设置通风装置和环境控制系统来满足旅客乘车的需要。通风环境控制系统主要包括地铁风亭、防排烟系统、阻塞通风和空调通风设备等。因为地铁空间是一个封闭的管道系统，除了进出口通道，与大气整个隔绝，列车运行与乘客换乘产生大量的热能无法释放，久而久之就使空气变得闷热污浊，严重影响旅客的舒适度。同时，一旦地铁发生火灾，浓烟不能及时排出，就会造成窒息致死事件发生。

国内地铁的轨道与常规铁路类似，都是采取1 435毫米轨距，钢轨采用重型钢轨，道床为碎石道床或者采用混凝土浇筑的道床。地铁车站作为整个地下交通系统必不可少的组成部分，它的功能要根据当地城市的经济发展水平和旅客的切实需要来设计。车站的站间距与公交车站差不多，车站的建筑和结构以满足使用为主。因为地铁不同于商场、购物中心等建筑，后者是人流汇聚之地，而地铁是人流疏散的场所，不允许乘客长时间坐卧停留，因此将地铁站装修得奢侈豪华没什么实际用处，乘客也没时间欣赏。当然，国外很多地铁站都作为艺术品去建设，是和当地国情有关，我们没必要一味模仿，节省投资做更多实用的事情才是正道。

地铁车站按照运营性质可分为中间站、尽头站、换乘站与折返站，按照结构形式可分为地下、地面和高架车站。车站内的旅客乘降站台分为侧式站台和岛式站台，一般还是以岛式站台为主，上下行的地铁停靠在站台两侧，可以方便旅客换乘和集散。

地铁的车辆都是电动车编组，属于装备电机能够自动走行的车辆，列车的驾驶室在列车两端，编组辆数为4~8节，车厢宽度3米。要求地铁车辆具备加减速快、停车制动距离短、运行速度高等特点。车厢采用难燃或者阻燃材料制成，不容易发生火灾。

地铁车辆 △

5
城市轻轨

　　轻轨、地铁和现代有轨电车是很容易被混淆的概念，即使是城市轨道交通技术专家，对这三种交通方式的划分也观点不一。普通大众经常将地铁与轻轨混淆，而专家们则经常将轻轨与有轨电车归为一类。其实三者之间还是有一些区别的。地铁大部分在地下，小部分高架；轻轨大部分高架，小部分在地面；而有轨电车除了立交、跨越河流之外，大部分位于地面上。这是以三者的建筑结构形式来区分的。还有一种区分方法就是根据单位时间的客运量来分，前面已经提及。如果按照车型来区分，一般划分为A、B、C三种型号，A型车宽3米，B型车宽2.8米，C型车宽2.6米。A、B型车用在地铁上，C型车在轻轨上使用。实际上，三者标准在实际建设中经常被打乱，有的城市建设轻轨就用地铁高标准，财大气粗，也没什么问题。所以为了方便，在地铁、轻轨和有轨电车都存在的城市，干脆不再分类，将其统称为"轨道交通"，比如上海市就是这么做的。

空中轻轨 △

　　轻轨是在有轨电车基础上发展起来的，由电气牵引、轮轨导向、列车或车辆编组运行在专用行车道上，属于中运量城市轨道交通系统。轻轨的运行速度可达30千米/小时，输送能力介于地铁和有轨电车之间，每小时为1.5~3万人。轻轨的名称来源于1978年3月国际公共交通联合会在比利时首都布鲁塞尔召开的一次会议，会上确定了"轻轨"的英文为"Light Rail Transit"，简称"轻轨"，英文缩写为LRT。轻轨最突出的优点就是投资较小、运输量大、建设快，管理也较地铁系统容易，其适应性很强，既可作为中小城市轨道交通网络的主干线，也可作为大城市或特大城市轨道交通网络的补充，发展前景广阔。

　　轻轨和地铁非常相似，它采用标准轨距1 435毫米、桥梁上铺设钢筋混凝土道床的轨道，牵引供电需要在高架桥一侧架设接触网，通过轻轨车辆顶部的受电弓接受电力，列车信号控制系统和地铁大同小异。

　　轻轨车站一般都设高架站，大多数采用侧式站台，旅客乘车需要上下高架站。轻轨车站可以采用钢筋混凝土框架结构、桥梁式结构和框架加桥梁式结构。其中钢筋混凝土框架结构

轻轨车站 △

适合于用地范围大、车站规模大的地段，可做成两到三层。桥梁式结构适用于用地范围小、客流量小、车站规模不大的地段。

　　目前，在我国投入运营较早的城市轻轨有长春轻轨，这是我国第一条轻轨，2002年开通运营；天津的津滨轻轨，2003年开通运营；大连轻轨分为三号线和七号线，分别于2003年和2009年开通使用。因为轻轨具备很多优点，又比地铁省钱，国内其他很多城市也在筹划修建中。

6
现代有轨电车

有轨电车出现的时间也很早,在20世纪初曾经风靡一时。不过早期的有轨电车技术落后,运行速度慢,车体颠簸,噪音大,很快就被异军突起的汽车给打了个落花流水,消失在城市居民视野有半个世纪之久。随着城市内部汽车的猛增,拥堵和污染问题让大家不约而同想起了有轨电车的好处。在新技术的推动下,现代有轨电车横空出世,以其价格低廉、环保、舒适、方便等优点得到了城市居民的认可,成了一种涅槃重生的新型交通工具。

有轨电车是一个由电力牵引、轮轨导向、单车或两车铰接运行在城市路面上的轨道交通系统,它是一种地面公共交通工具。按照车辆底板的高低可分为高底板、低底板有轨电车,低底板有轨电车的底板与路面基本持平,方便老年人和残疾人上下车。按供电方式分为接触轨和架空接触网式有轨电车,接触轨有轨电车的供电是通过轨道作为回流线进行,架空接触

△ 老式有轨电车

网式有轨电车是在线路的一侧架设接触网,通过车辆的受电弓给车辆供电。按照轮轨制式分为钢轮钢轨和胶轮导轨有轨电车。

现代有轨电车的运输能力介于轻轨和公交车之间,能达到每小时1.2万人,属于中运量的城市公交系统。有轨电车的爬坡能力强,最高可爬上60‰的陡坡,同时转弯半径小,最小转弯半径小于30米,大大增加了电车行驶的灵活性。

有轨电车的车辆采用模块化设计，技术更先进。所谓模块化设计，指的是车辆设计标准化，根据需要可以将多辆车辆铰接在一起，延长列车的长度，增加客运量，同时车辆的检修维护也更加容易。在满足运量、提高运行安全的基础上，有轨电车实行人性化设计和服务，实现旅客的舒适度与环境友好性的完美结合。相对于地铁来说，新型有轨电车轨道造价每千米仅为地铁的1/6，为轻轨造价的1/3左右，而且运营费用较低，初期投资少、获取的效益高。现代有轨电车采用电力牵引，环保并且能耗低，耗能仅为小汽车的1/9、公交车的1/4。

现代有轨电车线路的建设可以采取多种多样的方式，比起地铁和轻轨更加灵活，比如可以改造原来有轨电车线路或废弃铁路作为运行通道，这属于废物利用，变废为宝。这种方式节省资源，通过比较小的代价就能较好地缓解城市交通压力。

第二种方式就是新建有轨电车线路。新建的有轨电车线路技术标准一般较高，造价不低，但比起地铁和轻轨还是节省很多。新建成的有轨电车能很好地与城市周围的环境相协调，在承担运送旅客任务的同时，还可以作为城市的风景，为环境增添光彩。

第三种建设方式是与干线铁路共享轨道。这样可提高铁路系统的可达性，使之延伸至城市内部，解决城市交通最后一千米的难题，有轨电车系统的服务范围也扩大到城市周边，增加了客流量。

现代有轨电车 △

7
独轨交通

　　独轨交通方式相对于地铁、轻轨和有轨电车而言，其走行原理与结构形式完全不同。前三者虽然运量有大中小之分，不过他们都有一个共同点，那就是车辆行驶在轨道的两根钢轨之上。而独轨交通供车辆行驶的轨道为架空单根轨道，对车辆进行支承、稳定和导向，车辆骑跨或者悬挂在轨道梁上运行。车辆在轨道上方运行，称为跨座式独轨交通；车辆悬挂在轨道下方，称为悬挂式独轨交通。

跨座式独轨铁路的轨道通常设置在预应力支柱钢筋混凝土梁上，其轨道结构由轨道梁、支柱与道岔三部分组成。支柱主要有T型、倒L型和门型等，可根据需要选择使用。跨座式独轨交通车辆采用电动车组，有四节、六节和八节编组方式。车辆

跨座式独轨交通 △

的核心部件是走行部分，称为转向架，一般采用二轴转向架，车轴单悬臂固定在转向架上，每个车轴都是由一台交流牵引电机驱动。每根轴上装有两个走行轮，转向架两侧上方各设两个导向轮，下方各设一个稳定轮，所有的车轮均为充氮气的橡胶制作。其中两个走行轮一前一后沿着轨道滚动，四个导向轮和两个稳定轮垂直轨道滚动，相当于每辆车一共有16个橡胶车轮。在列车运行过程中，走行轮始终与轨道梁顶面接触，轮胎的弹性用来缓冲车辆竖向振动。导向轮和稳定轮则起到缓冲车辆横向振动的作用。悬吊式独轨铁路的轨道架设于支柱上端，车辆的车轮在

车厢的上方，并支承于悬空轨道的钢轨上。悬挂式车辆的走行部分有四个走行轮和四个导向轮，通过牵引电机驱动。

悬挂式独轨交通 △

独轨铁路的技术相对复杂，但具有速度较快，不受地面交通干扰，占地少，运行平稳等优点，其运送能力每小时在5 000~20 000人，运行速度在30~40千米/小时。独轨交通费用低廉，施工简单，不需要大规模的土石方工程，其成本仅为地铁的1/3～1/4，除此之外其保养维修费用也不高。独轨交通对地理条件适应性强，在地面用钢筋混凝土建起直径为1.2～1.5米的圆柱，然后在支柱之间架起轨道，轨道距地面高度为7～19米。

独轨交通只占用支柱基座面积，就能在城市上空开辟一条新的运输线。它可以利用城市道路的中央分隔带，不必搬迁地面建筑，也不会有花费巨大的管线改迁工程。独轨交通爬坡能力强，能通过100米的小半径曲线和60‰的坡道。适合于城市中心区与卫星城之间的旅客运输，也可作为城区通往机场、码头等对外交通联系的干线，还可以作为城市的观光游览线路，为旅客提供赏心悦目的旅行体验。但是独轨交通也存在一些缺点，比如采用橡胶轮胎耗能比较大，耗能虽然比公交车低15%，但是比地铁高50%。因线路位于高架区域，一旦发生事故，救援相对困难，同时运量较低。不过作为一种新型的轨道交通方式，安全保证措施必不可少，救援不成问题，而耗能高的缺点在它的强大优势面前也不值一提。

顺便说一句，游客在风景区乘坐的缆车就是典型的悬挂式独轨交通。

8
市郊铁路

在城市轨道交通中，市郊铁路属于比较特殊的一种运输方式，它的线路长度大多数都比地铁和轻轨要长，速度也快得多，它的服务对象是郊区与城市中心区来往的旅客。市郊铁路采用的是轮轨技术，很多时候，它在分类上经常与普速铁路、高速客运专线相交叉。总而言之，市郊铁路不是以运行速度来和其他交通方式进行区分的，而是以服务对象来区分。那么，什么是市郊铁路呢？市郊铁路是指把城市市区与郊区，尤其是远郊区联系起来的城市轨道交通系统。它的运行特点接近常规铁路，往往与常规铁路有便利的联络线连通，甚至共用一条轨道系统。随着城市范围的扩大，市郊铁路也不再局限于市郊结合部，而是泛指以市中心为核心，覆盖周围地区的快速轨道交通系统，因此它又可称为城市快速铁路。

市郊铁路极大拓展了城市的空间，降低了城市中心区的人口密度，缓解市内交通拥挤，提高了都市的生活质量。市郊铁路非常适合特大型城市和卫星城之间的旅客交流。它将城市内部的轨道交通影响范围一直拓展到城市之外，无形中将地铁、轻轨等交通方式结合在一起，形成了一个庞大便捷的环都市圈的交通网络。只要旅客位于这个网络的某一点，总会非常快捷地到达目的地。

在20世纪80年代，北京、天津、上海、南京、武汉等大城市都开行过市郊铁路列车，为城市和郊区居民的上下班提供了便利。但是，随着高速公路的异军突起，市郊铁路的优势全无，最终被彻底击败。最主要的原因就是，市郊铁路只是一个独立的运输体系，在城市地铁、轻轨、有轨电车等新型交通方式出现之前，市郊铁路因为车次少、间隔长、站点与城市交通衔接不紧密，乘客感到非常不方便，就像地铁必须形成网络之后才能发挥威力一样，市郊铁路只有与其他交通方式无缝衔接，才会一鸣惊人。

随着城市规模的扩大，城市中心容量饱和，为市郊铁路重新发展提供了契机。市郊铁路由于客流量小，可以采取小密度的行车组织方式，它最主要的优点就是运输能力强，旅行速度快，投资省，见效快，造价相当于轻轨的1/2、地铁的1/5，环境污染和能耗又较低。

在2008年，北京开通了从北京北站到延庆站的S2线市郊铁路，方便了市民出行，又使得游客能快捷地前往八达岭长城等景区游览。除此之外，北京市还规划了门头沟、密云、大兴、房山等地的5条市郊铁路，形成市郊铁路网。市郊铁路的修建比较灵活，可以充分利用城市枢纽内废弃不用但是还未拆除的旧铁路，只要加以改造，就可以重新焕发生机。当然，必要时修建新线也是不可或缺的，比如京津城际铁路就是一个很好的例子。

北京S2线市郊铁路 △

9 自动导轨交通

自动导轨交通系统是一种车辆采用橡胶车轮，以导向轨引导方向、在两条平行的轨道上通过计算机控制自动运行的新型轨道交通系统，简称AGT系统。自动导轨交通系统最早在20世纪60年代由美国西屋电气公司研发成功，日本和法国随之跟进，各自开发出了风格迥异的产品。日本称之为新交通系统，法国命名为VAL系统，其含义是轻型自动化运输车辆。

△ 国外自动导轨交通

自动导轨交通系统的最大特点就是实现了车辆的无人驾驶。它的核心技术包括导轨技术和自动化控制技术。导轨导向分为两种方式，一种是两侧导向，一种是中央导向。采用两侧导向的时候，导轨设置在轨道两侧，通过走行轮与两侧导轨接触实现车辆转向。采用中央导向，是将导轨设置在轨道中间，通过车辆底部成对配置的水平轮接触导轨进行转向。自动导轨系统的轨道通常采用高架式的钢筋混凝土长条形板带，满足车辆的橡胶轮在上面行驶的要求。车辆供电采用直流750伏特的外部电源。

自动导轨交通系统可分为三大类型，一种是穿梭、环路型快速运输系统（SLT），一种是群体快速运输系统（GRT），另外一种是个人快速运输系统（PRT）。穿梭、环路式快运系统是AGT系统中最简单的一种，分穿梭与环路两种。穿梭式系统使用容量约100人的大型车厢，通常沿固定线路循环行驶，犹如高楼中的自动电梯，故又称水平电梯。除可作为两点间直接输运外，中途亦可设站。环路式则沿环状路径绕圈行驶，中途设站停留。群体快运系统的主要服务对象为具有相同出发地点与目的地的群体乘客，通常使用载运量为12~70人的中型车厢，故可视为一种自动行驶的公共汽车。它因运输量不大、可开行比较密集的班次外，还可设置分岔路线来收集支线的乘客。运行班次间隔大约1分钟，服务方式可分定时排班或中途不停留。个人快速运输系统使用2~6人容量的小型车厢，通过精密计算机自动化控制，在复杂的路网中运行，并通过道岔进出干线运载乘客。

自动导向交通系统是一种自动化程度很高的中小运量的交通工具，完全由计算机自动控制，行车密度可以根据乘客的多少随时调整，能够以高密度的行车组织方式运行，使用灵活，方便快捷。这种系统采用橡胶车轮，黏着力大，爬坡能力强，还可以通过小半径曲线，对于复杂的地形适应性非常好。自动导轨系统主要用于穿梭式或者环形式乘客运输、大型机场的登机厅与机场主楼之间的旅客运输、游乐场所和大型社区范围内的旅客运输等。对于城市中小运量的旅客运输，这种新型交通方式能发挥很大作用。

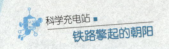

10
城轨交通的安全防灾

　　城市轨道交通系统通常为城市内部大型的基础性设施，并且它直接面对的是活生生的旅客，这些基础设施大多数投资巨大，施工周期长，环境因素复杂，风险很高。建成运营之后，为城市的发展带来巨大的促进作用。一旦发生灾害，不但会造成设施的损毁，更会带来不可估量的生命财产的损失。因此，城市轨道交通系统的防灾永远是一项极为重要的课题，需要仔细研究，认真对待。

　　给城轨造成冲击的灾害可分为自然灾害和人为灾害。自然灾害包括洪涝、水淹、地震、雪灾、台风、泥石流、滑坡等；人为灾害主要有战争、交通事故、火灾、危险品泄漏、化学爆炸、环境污染、工程事故等。这些灾害的共同特点就是灾害空间分布的有限性、潜在性、突发性，以及发生灾害时间、地点的随机性，必须采取可靠手段将这些灾害的破坏程度降到最低。

　　以地铁为例，出于防火需要，地下铁道的出入口、通风亭的耐火等级为一级，车站站台、楼梯、疏散通道等旅客集散区域的墙壁必须采用耐火阻燃材料。地铁内必须设置阻止大火蔓延的隔火墙，防火门采用平开门，在关闭后能从任何一侧手动开启，每一个防火区的安全出入口不能少于两个。地铁内部的消防栓设置的最大间距以及最小的用水量应符合有关标准规定，必须设置事故机械通风系统，将排烟系统与排风系统合用，二者在灾害发生时可以转换使用。必须设置火灾疏散指示和防灾救护设施，同时设置防灾自动报警系统和监控系统。

　　出于抗震需要，所有的地下结构和高架结构的抗震等级满足抗震设计规范规定。对于防空袭的技术要求，地铁等地下结构全部为钢筋混凝土筑就，是得天独厚的防空袭场所，在设计和施工中要充分考虑防空袭

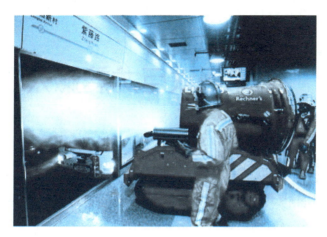

地铁火灾演习 △

的特殊规定。对预防水灾的技术要求，要防止地面洪水沿车站出入口灌入地下，破坏地下设施，影响交通运输。结构本身要防水，同时使用防水卷材、防水涂料等。

地铁的列车采用直流供电，利用走行轨作为回流通路，钢轨长时间使用后绝缘效果会降低，就可能发生钢轨内部的直流电泄漏到道床、车站、隧道和其他管线里面，给这些设施造成破坏，这种泄漏的电流称为杂散电流。杂散电流的泄漏不但会给地铁周围的地下公共环境造成污染，还会对地铁基础设施的围护结构产生腐蚀，所以必须防止这种情况发生。通常采用的方法之一就是将地下基础中的管片钢筋进行焊接变成等电位体，形成法拉第笼，以达到防止杂散电流的目的。

城轨交通系统的防灾，尤其是地铁的防灾，必须在设计期间考虑周全。对于高架轻轨以及地面的有轨电车，主要考虑的是突发事故之后，能够为乘客提供宝贵的疏散时间。

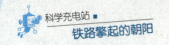
六　重载铁路
——钢铁巨龙震撼人心

1
让我们认识重载列车

　　重载列车是相对于普通货物列车而言的，一般的普通货物列车每列载重1 500吨到5 000吨。那么，重载列车每列拉货多少吨呢？1985年国际重载运输协会成立之后，就对重载列车下了定义，并设置了很高的门槛，只有达到国际重载运输协会制订的标准，才意味着被国际重载运输大家庭认可。随着重载技术的不断提高，入门的门槛也水涨船高，到了2005年，进入门槛的标准如下：每列列车的牵引质量不少于8 000吨；车辆轴重不小于27吨；在铁路线路长度不少于150千米的区段，每年计费的货运量不少于4 000万吨。只要满足上述三个条件中的两个，就会被接纳进这个国际重载大家庭，获得世界承认。有人会问，不加入这个大家庭，自己闷头搞重载研究不行吗？答案是不行。因为世界铁路技术日新月异，各种高水准的国际技术会议经常召开，不加入这个大家庭，就意味着你没资格参加各种会议，也不能了解最新的技术进展，久而久之，就会被别人超越，最终被淘汰。

　　我国铁路重载技术已经走在了世界的前列，目前每列重载列车牵引质量已经达到1万～2万吨，远超国际重载运输协会的标准。所谓牵引质量，指的是机车牵引货物列车的总吨数，也称牵引吨数或列车重量。所谓轴重，是指一个铁路车辆轮对承受的机车或车辆重量。轴重反映了轨道承受的静荷载强度。铁路的轴重越大，每辆车装载的货物就越多，每列车拉的货物就越多。当然轴重也不能无限大，必须经过严格的科学计算和多方面的比较，因为轴重越大，对铁轨施加的压力就越大，钢轨损坏的周期就越短，铁路维修费用就越高，如果铁路后期的维修费用超过了因为轴重增加带来的收益，就很不划算了。

重载列车 △

重载列车和普通列车不同，差别就在于列车编组的方式不一样。普通货物列车用一台韶山型电力机车就能拉上6 000吨，如果想要拉到一万吨甚至两万吨，一台机车远远不够，就需要采用大功率机车，同时还要对货物列车进行组合。一般重载列车的组织形式有三种，分别是单元式重载列车、整列式重载列车和组合式重载列车。单元式重载列车以固定的机车车辆组合成一个运输单元，在装车站和卸车站之间循环运行，中间不经过解体和重新编组。整列式重载列车由挂于头部的一台机车或者多台机车联合牵引，牵引的货车也五花八门，中间需要解体和重新编组。组合式重载列车是由两列及以上的同类货物列车首尾衔接，组合成一个整列。牵引机车位于列车的头部和中间。

上述三种列车各有优缺点。单元式重载列车拉的货物比较单一，适合专用的货运铁路，比如我国的运煤专线大秦铁路就大量开行单元式重载列车。整列式和组合式重载列车运输组织比较灵活，适用于运能比较紧张的铁路。比如在大秦铁路之外的普通铁路上，开行的都是整列式和组合式重载货物列车。

2 影响铁路重载的基础工程

就像高速铁路一样，重载铁路对轨道以下的基础性工程也有自己的标准要求。影响铁路重载的基础性工程主要有：

第一是钢轨间距，也称轨距，有宽轨、窄轨和标准轨三种类型，我国采用的轨距为标准轨距，宽1 435毫米。宽轨轨距有1 676毫米、1 600毫米、1 520毫米三种，窄轨有1 067毫米、1 000毫米、762毫米和600毫米四种。轨距的大小直接决定了车辆的大小，车辆的大小决定了载重的多少，最终决定整条铁路线的运输量。

第二是正线数目，正线就是铁路干线，分单线和双线两种，很明显，双线铁路的运输能力要远大于单线，二者之间的运输能力不是二倍的关系。

第三是限制坡度。所谓限制坡度指的是在一个铁路区段上，决定一台机车所能牵引的货物列车最大重量的坡度。限制坡度和机车的牵引动力直接相关，机车的马力越大，限制坡度就可以越陡。为何要确定限制坡度？只因为铁路穿山越岭，铁路线也要随着自然地面或高或低。能在限制坡度范围内修建铁路，就不需要线路展线或者打隧道。展线是用距离换取坡度，爬同一个高度，走的距离越长越省力，而打隧道更费钱，因此确定一个合理的限制坡度对节省投资非常重要。大秦铁路的限制坡度采用12‰。

第四是最小曲线半径，曲线半径越小，货车通过的速度越低，货车速度越低，就越影响铁路的运输量，一级重载铁路的最小曲线半径不能小于800米。

第五就是轨道结构，重载铁路的车辆轴重比普通车辆重得多，对轨道的压力也更大，必须采取强度更高的钢轨才能减少磨耗，钢轨的材料要求也很高，重载铁路的钢轨重量每米不小于75千克。

第六是道岔，道岔是铁路设备中比较脆弱的部分，除了满足强度要求之外，还要满足列车的通过速度，而道岔型号的大小直接决定列车的通过速度，用在重载铁路上的道岔每米重量不能小于75千克，号数不能小于12号，一般采用18号道岔。

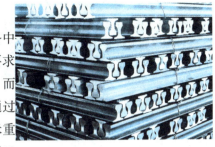

75千克重载钢轨 △

重载铁路道岔 △

第七是轨枕和扣件，高强度的钢轨就需要配套高强度的轨枕和扣件，否则钢轨无法承受载重而产生扭曲和爬行。重载铁路的轨枕采用钢筋混凝土枕，扣件采用高强度的弹性扣件。

第八是无缝线路，采用无缝线路，不但可以减少列车钢轨轨头的损害，还可以保证铁路线路的平顺和稳定。

第九是路基，路基是铁路最基础的工程，所有的地面设施都建立其上，路基的稳定与否直接决定着铁路的稳定与安全。因此路基的填料都要经过严格的筛选，同时在填筑路基时，要满足压实度和密实度要求。

影响重载铁路的九大要素就构成了整个线下基础，只要这九大要素满足要求，重载铁路的运输就有了基本保证。

3
重载机车新技术不同凡响

　　为了满足重载运输的需要，除了前面提到的九大基础要素之外，铁路大功率机车技术也是重中之重。大功率机车就是牵引马力比普通机车要高得多的机车。作为重载列车的动力源和龙头，大功率机车技术只有不断发展和推陈出新，才能满足日益增长的重载运输需要。重载铁路上面使用的大功率机车分为内燃和电力两种，不管是采用内燃发动机还是电力发动机，都面临着一个将动力传送到车轮进而驱动行走的问题，这就需要研究机车的电传动技术。经过40多年的发展，电传动技术经历了从"直流—直流"传动、"交流—直流"传动，最终实现了"交流—直流—交流"的传动技术。这种技术是伴随着大功率硅整流技术的发展而出现的，主要有电机构造简单、机车黏着性能好、功率大、牵引力足、可靠性高、维修方便、效率和利用率都很高、动力性能好、制动性能强大等优点，已经得到了广泛的应用。

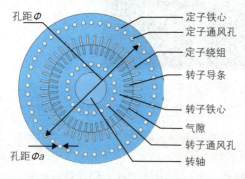

孔距φ
孔距φa

定子铁心
定子通风孔
定子绕组
转子导条
转子铁心
气隙
转子通风孔
转轴

大功率机车牵引电机物理模型 △

　　上面提到的机车黏着性能是一项很重要的参数，火车轮子在钢轨上爬行，需要一定的摩擦力才能行走，这就和我们在地面上行走比在冰面上行走更加容易是一个道理，这种摩擦力就叫黏着力，火车依靠黏着力才能启动爬行，否则轮子就会在钢轨上空转打滑，擦伤车轮。

　　大功率机车的另一项重要技术是径向转向架技术，这也是国际重载机车发展趋势。在美国、加拿大、澳大利亚等国的大轴重的重载线路上，径向转向架技术发挥了很大作用。转向架就是火车车厢的脚，脚的好坏直接影响车辆的功能发挥。采用径向转向架，在火车通过曲线时，保证轮子和钢轨紧密接触，为火车提供足够的黏着力，使得牵引力不会降低。

除了上述技术之外，大功率机车还采用了重载列车网络控制技术，用于多台机车联合牵引时，借助于通信网络传递机车联合控制等重要信息。在大功率内燃机车上还采用柴油机节油技术，利用柴油机泵管嘴式电子控制喷射系统，降低柴油机燃油消耗和排放，可以提高机车运用效率72%以上。

和谐号大功率机车 △

重载机车故障遥测监控技术可以对每一台机车实施全寿命服务，大大提高了机车的使用率，降低全寿命周期成本。重载机车无线遥控操纵系统（Locotrol系统）采用无线通信闭环控制方式在前后部机车间传输命令及反馈信息，进而实现多台机车的实时控制。Locotrol系统的基本工作方式是前部机车通过GSM-R系统，向中、后部机车发布同步牵引和制动命令，实现前、中、后部机车的牵引及动力制动同步操纵以及空气制动系统同步制动与缓解。同时采用制动管压力自动检测，可以对系统的无线通信状态进行监控。

有上述重大技术作为支撑，大功率机车才能异军突起，纵横天下。

4
重载车辆技术推陈出新

重载铁路除了采用大功率机车牵引之外，还需要有特殊的车辆与之配套，这些铁路车辆的结构性能与普通的货车不同，具备很多独特的技术，一般都要具备以下几个重要参数：大吨位、低自重系数、大延米载荷、低重心高度、便于迅速装卸、减少纵向冲动、加强纵向力的承受能力、低动力作用转向架。

车辆大吨位就是要满足重载铁路多拉货的要求，它的牵引重量比常规列车大得多。扩大车辆吨位有两种方法，一是将轴重增加，把原来的常规的21吨轴重提高到25吨，相应每辆车的总重由84吨提高到100吨。另一种措施是在不改变轴重的前提下增加轴数，即由原来的4轴车改为6轴车或8轴车，则每辆车的总重由84吨提高到126吨或168吨。

重载列车的牵引重量中有一部分为车辆自重，一部分为装载货物的重量。车辆的自重系数越小，则载货量越大，运输效率就越高。因此，重载车辆应在保证必要的强度和寿命条件下，将车辆的自重做到最小。

重载C80货车 △

重载列车的牵引重量大、编组辆数多，列车的长度也很长，这就需要车站的到发线的长度能够容纳整个车列。我国车站到发线长度一般为650米、850米、1 050米等几种，重载铁路车站的到发线有效长度可以达到1 700米甚至2 800米。因此，重载列车的开行长度要与车站到发线的长度相匹配，增加重载列车的牵引辆数，就要加长该区间车站的到发线的有效长度。

根据我国铁路桥梁和线路设计标准规定，车辆每延米载重最大可达8吨，而我国大部分车辆的延米载重均低于此标准，如果重载车辆能充分利用线桥允许的延米载荷，可以在同样牵引吨位下缩短列车长度，也可在到发线长度不变的情况下增加列车吨位。

为了运行安全，防止车辆在运行过程中出现倾覆事故，车辆及其装载货物的重心不能超过2米。虽然增加车体高度、缩短车辆长度可以提高车辆的延米载荷，但是由于车辆重心高度的限制，车辆不能无限增高，必须综合各种限制条件，将车辆的载重量做到最大。

单元重载列车采用固定编组，按固定线路运行于装、卸货物的两地。为了加快车辆周转，一般采用机械化方式快速装卸。运煤单元列车的车辆上采用可以两车相对转动的转子车钩，能满足在翻车机上工作的要求。重载列车中的编组车辆多，当列车在线路上运行以及起动、制动时列车内部的纵向冲力加剧，使列车中每辆车承受的纵向力加大，因此需要高强度的车钩，用大容量的缓冲器来吸收列车冲击时的能量，同时要采用快速制动技术。为了减少由轴重增加而对轨道的损伤，世界各国铁路正在着重研制和改进车辆转向架结构性能，减少因增加轴重而对轨道的破坏作用。

重载货车K6型转向架 △

5
重载列车的制动技术

  对于制动，我们并不陌生，只要是交通工具，总会有刹车系统保护驾驶者的安全。制动的原理就是将车辆的动能转化成其他形式的能量，进而达到让车停止的目的。对于铁路而言，不管是普速、高速还是重载，制动系统的优劣直接影响行车的安全。而铁路上采用的制动系统原理都一样，但是功能和形式有所区别。火车采用何种制动系统，与列车的速度和载重密切相关。速度越高、载重越大，对制动系统的要求就越高。火车上采用的制动方式按照动能转化的方式不同，可分为两大类，一类是摩擦制动，另一类是动力制动。摩擦制动就是通过车轮与制动设备的相互摩擦，产生制动力，将列车的动能转化成热能。摩擦制动是中低速铁路上面普遍采用的方式，一般分为闸瓦制动和盘形制动。闸瓦制动的原理就是通过设置在车轮两侧的闸瓦抱紧车轮，进而产生制动力。盘形制动的原理是在车轴或者车轮的幅板上安装制动盘，闸瓦抱紧制动盘进而让列车减速。盘形制动比闸瓦制动的好处就在于，闸瓦直接作用于制动盘而不是车轮本身，这就减少了闸瓦对车轮的磨耗。

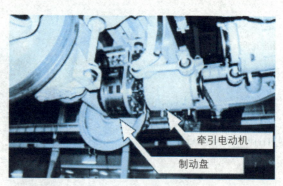

牵引电动机

制动盘

火车盘形制动 △

　　动力制动是通过某种能量转换装置，将列车的动能转化成其他形式的能量，从而使列车减速或者停车。动力制动一般也分为两类，一种是电阻制动，另一种是再生制动。电阻制动在重载电力机车和电传动内燃机车上使用最普遍，其制动原理就是将驱动车轮的电动机转化成发电机，通过车轮的动能进行发电，然后将电流输送到电阻器中转化成热能，进而消耗列车的动能使之减速。再生制动与电阻制动的原理基本相同，二者最大的区别就是再生制动将产生的电流不转化成热能，而是又反馈到供电系统中，使得电力可以循环利用，这是一种比较理想的制动方式。

　　列车的制动是通过机车和车辆分别实施制动而实现的，机车采取主动制动，货车采用被动制动。对于重载列车而言，编组货车上百辆，采用的仍然是传统的空气制动系统，就是利用压缩空气作为制动的动力，如果整个列车不长，采取空气制动没有问题，但是一旦列车过长，压缩空气的传输距离就会变得很长，这就使得每辆货车车厢的制动不同步，在惯性的作用下，车辆互相碰撞挤压，将车钩折断。为了实现列车同步制动，重载铁路上最新采用的是电子控制空气制动系统（ECP）。这种系统由机车产生制动的电子信号，控制每辆车上面的微机打开或者关闭风缸，从而实现列车的同步制动。这种制动的最大特点就是将传统的利用空气作为传递制动信息的媒介，变成利用电子信号作为媒介，从而精准地控制每辆车的制动。

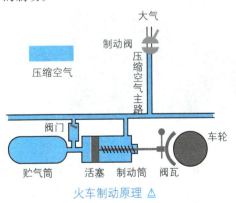

火车制动原理 △

6

重载机车同步操纵与遥控技术

重载列车通过大功率机车牵引上百辆的货车，长度是普通货物列车的一倍甚至两倍以上。这么长的列车，由一台机车牵引肯定不够，这就需要多机重联牵引。或者将两台机车串联在列车上的最前面，或者一台在前面另一台在中间，前者属于机车集中连挂，后者是机车分散连挂。重载机车在列车头部和中间及尾部分散布置，可以减轻列车纵向冲击力，降低折断车钩的危险，这两种连挂方式都面临一个重要的问题，那就是如何使两台机车甚至更多的牵引机车同步运行？这个问题如果解决不了，前后机车的联系和操纵就不能协调，直接影响行车的安全，重载运输只能是空谈。还好，科学家们研发了一种机车同步操纵与遥控技术，很好地解决了这个难题。

Locotrol系统操纵台 △

这种机车同步操纵和遥控技术就是在最前面的牵引机车上面安装主控设备，在后面的机车上安装受控设备，最前面机车上的司机发出控制指令，通过列车无线通信进行传输，受控设备接到信号后进行处理，通过控制电路对后面的机车进行启动和制动，从而实现两台或者多台机车的同步行动。由于无线通信传输会受到山区或者隧道地段的干扰，往往还需要在地面安装辅助设备才能实现信号通畅。随着无线通信技术的不断发展，目前重载列车上采用的是改进后的无线遥控设备对多台机车进行同步操纵，原理和无线通信传输方式相同，不过这种方式能够让主控机车的司机同时控制列车任何部位的受控机车的牵引和制动，除了能实现同步操作之外，根据需要还可以进行异步操作，避免列车某些部位的车钩因为局部拉力或者冲击力太大而损坏。

我国重载铁路上采用的是美国公司研发的Locotrol系统，这个系统由前部机车通过铁路移动通信设备向后部机车发出同步牵引和制动指令，从而实现多台机车的制动和牵引，同时还能够对制动管的压力进行自动检测，对系统的无线通信进行监控。采用Locotrol系统，可以让列车更快更平稳地启动和制动，制动管路的充风时间可以缩短至原来的2/5，启动和制动距离减少30%，启动时间缩短20%。Locotrol系统还能减小重载列车的牵引车钩力，在列车通过曲线时减小线路阻力，减轻轮轨的磨耗，降低5%～6%的燃油成本。采用Locotrol系统，还能减小前后列车制动产生的纵向力，减少车钩折断的危险，增加重载列车不同位置机车操纵的协调性，从而实现长大列车的同步制动，提高列车的运输能力，降低运输成本。

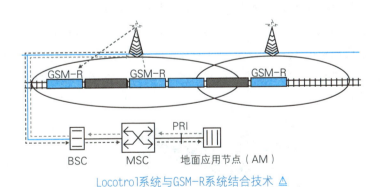

Locotrol系统与GSM-R系统结合技术 △

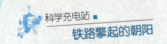

7 重载铁路的装卸车站

　　我国的重载铁路采用的是单元式重载列车，这种列车的最大特点就是固定机车、固定车辆、固定货物品类、固定装车站和卸车站、固定运行路线，简称"五固定"。这就决定了单元式重载列车既有装车站负责装运货物，又有卸车站负责卸货，形成一条龙服务，除了在中间车站因为技术作业的需要临时进站停车之外，基本上无其他作业。这种列车的主要作业流程为：单元式列车首先从技术作业站进入装车站，通过设置在环线或者直通线路的装煤仓装车之后，再返回技术作业站进行技术检查，然后驶往卸车站。到达卸车站的技术作业站之后，进行列车检查，然后进入卸车点不摘机车进行卸车作业，随后空车返回始发的技术作业站，一个运输循环就算完成了。

　　重载铁路的装车站一般设在矿山里面，卸车点一般位于港口码头、电厂和钢铁厂里面。重载列车在装车站的装车方式有两种，一种是环线装车，另一种是贯通式装车。装车站除了设置装车环线或者贯通式装车线之外，还要根据每天到达车站的列车对数，设置到达线和出发线，接发列车时用。必要时，还要设置牵出线和站修线，用来将损坏的列车牵引拉出，

重载列车装车 △

放到站修线上临时检查修理。车站所处的地面要平坦，纵坡也不能超过规定的限值。采用环线装车时，在环线上的合适位置装设漏斗仓或者高架溜槽，煤炭或者矿石就通过皮带输送机输送到漏斗仓或高架溜槽里面，通过计算机自动控制，定量装进下面的敞车里，在装车过程中，列车不停，而是匀速通过。这样，在装车过程中列车不用解体和编组，大大提高了装车效率。采用环线装车方式，每小时可装车7 000～10 000吨。采用贯通式装车方式也是无奈之举，一般在地形条件比较困难的条件下采用，因为设置装车环线需要开阔的地形。贯通式装车时，装车线应该满足停放一列车的长度，在装车完毕之后，还要通过回转线牵引折返，如此一来，装车效率就大大降低了。

铁路的卸车站的布置方式与装车站大同小异，只不过将装货的漏斗仓变成了卸车机或者翻车机。为了提高卸车效率，在卸车站一般也是采用环线卸车，利用翻车机每次一节或者两节车厢，不摘钩将车厢翻转，货物卸进皮带输送机上运出。在普速铁路上，货运量不大的时候，在卸车站可采用人工卸车或者抓斗铲车卸车。

重载列车卸车 △

不管是装车站还是卸车站，除了装载机和卸车机之外，还需要配备电子动态汽车衡、储货坑、皮带输送机、中转站、储货场、储货筒仓等附属设备，为重载列车提供周到的服务。目前，大秦铁路的装车站主要有大同铁路枢纽中的韩家岭站、云冈站、口泉站等，技术作业站是湖东编组站。卸车站有秦皇岛港、唐山曹妃甸港和京唐港等。

8
重载铁路的养护维修

　　重载铁路是由路基、轨道和桥隧构筑物组成的整体工程结构，任何部分的损坏都将影响整个系统功能的发挥。线路设备是机车车辆和列车运行的基础，直接承受机车车辆轮对传来的压力。为了保证列车按规定的最高速度安全、平稳和不间断运行，铁路运输部门能够质量良好地完成客货运输任务，线路必须保持完好状态。然而，随着机车车辆的不断碾压和长期的列车荷载作用，线路的轨道几何尺寸不断变化，路基及道床不断产生变形下沉，钢轨、联结件及轨枕不断磨损，致使线路设备的技术状态持续恶化。为使线路长期保持良好状态，确保列车安全平稳运行，工务部门必须对其进行养护与维修作业。

　　养护维修的主要工作包括钢轨涂油润滑和打磨、道岔的检修保养、更换补充道床道砟、路基和桥隧的加固养护等等。对于运输繁忙的重载铁路而言，依靠过去人工养路的方式已经无法满足要求，必须采取现代化的检测养路技术。这些技术主要体现在现代化的养路机械设备的更新换代上面。目前重载铁路常用的养路机械分为大修机械、维修机械、检查机械和修理机械。具体分为大型清筛机和配套的维修机械、钢轨打磨车、钢轨探伤车、轨道检测车等养路机械，还有线路捣固车、道砟清筛车、线路动力稳定车、边坡整形车、道岔捣固车、线路大修车等，利用这些设备可以大幅度提高作业效率和维修质量，从而提高线路的质量，保证运输安全。

钢轨打磨车 △

世界上第一辆轨道检测车诞生于1877年，经过百年的发展和不断改进，轨道检测车已经成为养护维修设备中重要一员。轨道检测车也随着技术的进步而不断改进，激光、摄像、图像处理、非接触测量、计算机网络以及无线通信都为检测车插上了腾飞的翅膀，最先进的轨道检测车不但可以检测轨道，还可以检测电力接触网、信号、通信等设备，称为综合检测车。

线路捣固机械可以对轨道自动起道、拨道，进行道砟捣固使之密实度增加，增加轨道的稳定性。道床清筛机自动将脏污的道砟挖出清洗之后再回填道床。动力稳定车在线路经过清筛和捣固之后，可以让道床稳定密实，使线路的平顺性和稳定性达到养护之前的状态。

线路捣固车 △

随着重载铁路运输量的不断增加，传统的养护维修方式将不再适用，必须借鉴国外的先进技术和经验，制定成套的维修规则，在维修方式上要改变过去的计划维修模式，采取检测、养护、维修、治理动态结合的方法。推行状态检修、天窗检修、集中修等不同的方式。其中天窗检修是利用每天线路行车的空闲时间进行养护维修，天窗指的是在铁路运行图上留出的行车之间的间隔时间，每天定点定时。

有规矩才能成方圆，有了先进的养护检修机械，还要配套先进的管理制度，让软硬件相结合，养护维修工作才能如虎添翼。

9

重载铁路的调度集中指挥

不管是普速列车、高速列车还是重载列车，只要铁路上有列车在飞驰，它们绝对不是盲目乱开的，而是有一只大手牢牢地将它们控制，通过行车命令，指挥司机驾驶。这只无所不在的大手，就是调度集中系统。所谓调度集中，指的是利用现代化通信、计算机、控制、信息及决策技术，对列车进行实时远程监控、追踪、控制和管理。采用先进调度集中系统指挥行车，实现行车调度指挥的自动化，是世界各国普遍采取的行车指挥措施。

我国传统的铁路列车调度指挥系统简称TDCS，是利用信息技术、网络技术、控制技术等现代化手段，通过专用数据通道、将铁路调度中心以及各个车站连接而成的实时可靠安全的指挥网络。铁路总公司的调度中心是总头领和核心，各大铁路局的调度中心是二级系统，同时也是调度指挥的实施单位，各个车站是TDCS的接收终端，由车站的值班员执行调度中心的各项指令，传达给铁路司机，从而实现安全行车。这种传统的调度集中系统存在很多缺点，实际执行过程中也不太好用，比如系统的智能化程度不高、调度中心只管行车不管调车，使得中心的控制权与车站的控制权频繁交接，降低使用效率，同时可靠性差，无线通信手段也不能满足越来越繁重的调度工作要求。因此，这套系统不但没有给各级运输部门带来便利，反而弄出了很多麻烦。

为了解决上述问题，铁路科技工作者将TDCS进一步发展，

CTC分散自律调度集中 △

就演变出分散自律型调度集中系统，简称CTC。自律分散调度集中就是基于TDCS系统的一种新型调度集中技术。通过现代计算机技术、网络技术、信息处理技术和智能化软件，以列车运行阶段计划控制为中心，兼顾列车作业的高度自动化，将列车运行阶段计划下传到各个车站的自律机中自主自动执行。自律分散调度集中的自律，指的是设置在车站的自律机对不同来源的指令进行协调，从调度中心到车站的控制权不再转换，从而自动实现系统对车站信号联锁装置的控制。所谓分散，指的是设备分散、功能分散，从而将危险也分散降低。

CTC设备主要由调度中心子系统、车站子系统和调度中心与车站、车站与车站之间的网络子系统三大部分构成，主要功能包括列车运行监督、车次号自动跟踪、到发站点自动采集、自动描绘实际列车运行图、自动调整阶段行车计划、通过网络下达调度命令。

CTC系统是一种智能化系统，通过计算机软硬件技术，对实际生产中的调度指挥工作流程进行优化，并转化为计算机控制程序，从而实现运输组织的智能化和自动化。这种调度集中系统可以不再通过车站值班员指挥司机行车，而是直接将调度指令传到机车上，对司机直接进行指挥，因此既可以适应有人值守的车站，也可以适应无人值守的车站。如今，先进的CTC系统也开始在重载铁路上推广应用。

大秦铁路调度中心 △

10
大秦铁路的辉煌成就

　　大秦铁路是我国第一条双线电气化重载铁路，于1992年建成通车，起点站位于北同蒲线上的韩家岭站，向东至秦皇岛港，经过山西、河北、北京、天津四省市，全长653千米。经过数次扩能改造之后，目前共设湖东、茶坞、大石庄、蓟县西、柳村南等13个车站。大秦铁路是一条运煤专线，是中国西煤东运的主要通道之一。主要运输山西、陕西、内蒙古西部的煤炭。西边衔接北同蒲线、云冈支线、口泉支线、大包线、大准线，东侧衔接京承线、京秦线、蓟港线、迁曹线和沈山线，可谓四通八达、货源滚滚。2003年、2004年、2005年，大秦铁路分别运送煤炭1.22亿吨、1.53亿吨、2.03亿吨，2007年达到年运量3亿吨，而2010年大秦铁路实现了煤炭运量4亿吨的目标。

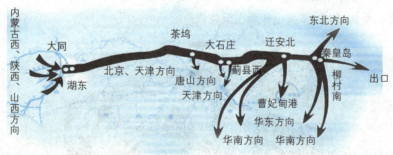

大秦线煤炭流向图 △

　　大秦铁路采用双线电气化重载技术，配置了大功率机车和特制C80专用货车，开行单元式重载列车，采用固定车底的循环运输组织模式。通过自动装卸系统，依托山西口泉、云冈、韩家岭等万吨级装车站点和中国最大的煤炭接卸港秦皇岛港，形成了完整的煤炭运输一条龙模式。从

2006年3月起，大秦线第一个开行了重载单元列车，单列最大载重达2万吨，由4台机车共同牵引210节车厢，列车总长度达2 700米。

大秦铁路解决了山区铁路通信信号可靠性、长大下坡道周期循环制动和长大列车纵向冲动三大技术难题，在技术上有了突破性的进展，主要表现在：

第一，采用网络化无线同步操纵系统。在世界上首次实现了LOCOTROL技术与GSM-R技术的结合，并成功应用于2×10 000吨重载组合列车。

第二，实现800MHz数据电台与机车无线同步操纵技术结合，通信传输距离由450MHz的650米提高到800MHz的790米，这种技术对同步操纵机车非常有用。

第三，研制采用和谐型大功率机车和25吨轴重、载重80吨C80型铝合金运煤专用敞车，以及C80B型不锈钢运煤专用敞车。

第四，研制采用高强度车钩和大容量弹性胶泥缓冲器等配套技术装备，使列车纵向冲击力减小了35%，同时改进机车制动机和车钩缓冲器性能，优化组合列车操纵，提高组合列车运行安全性。

第五，研究了重载铁路桥涵加固技术和延长钢轨使用寿命技术，研制了新型75千克/米钢轨，强化了线桥设备。

第六，开发了大秦铁路分散自律调度集中系统（CTC），确保运输安全，提高运输效率。

第七，研制采用5T车辆运行安全监控系统，利用红外测温、力学检测、声学诊断、图像检测等检测手段和信息化技术，对运行中的车辆进行动态检查，确保安全，提高运输效率。

大秦线湖东编组站 △

七　雪域神迹
——高原冻土铁路奇迹

1 青藏铁路从构想到现实

　　巍巍青藏高原，海拔高、纬度低，有大量高山险滩，地形险要，分布着大面积的高原冻土，植被稀少，环境脆弱，成为地球上几乎不可逾越的第三极。千百年来，出入藏区只有一条让人望而生畏的"唐蕃古道"，把青藏高原与外界联系在一起。在新中国成立后的20世纪50年代，慕生忠将军带领一支两千人的筑路铁军，奋战在青藏高原上。他们攻坚克险，征服戈壁无人区，克服高寒缺氧和死亡威胁，用短短的七个月时间就修通格尔木至拉萨长达1 200千米的青藏公路。这条公路与川藏、滇藏和新藏公路一起，构成了进出西藏的交通运输大通道。

　　然而，公路运输毕竟存在局限性，比如汽车运量小，受天气影响大，远没有铁路的高效便捷与风雨无阻，因此修建一条穿越青藏高原的铁路，是发展西藏经济的需要，是战略的需要，更是藏族同胞梦寐以求的愿望。早在民国时期，革命先行者孙中山先生就在他的《建国方略》里构想了青藏铁路，之后几十年，因外敌入侵、战争频仍，青藏铁路只能无奈地存在于蓝图之

青藏公路 △

上，成为一代又一代人无法实现的梦想。

新中国成立以后，青藏铁路的建设工作便提上日程。在20世纪50年代，有一支铁路勘察队伍就开始奋战在高原之巅，这支仅仅有13个人的队伍，凭着两条腿和坚强的意志，与严寒搏斗，与野兽搏斗，更与无所不在的死亡威胁搏斗，用极为简陋的勘察测绘仪器，找到了一条合理的铁路线路走向。这支队伍在高原上一干就是四年，并以超前的思路提出了"保护冻土而不是破坏冻土"的设计原则，这个原则一直沿用至今，最后成功应用到了青藏铁路的建设上面。

20世纪70年代，为了方便尼泊尔与中国的交流，中断了13年的青藏铁路建设工作第二次提上日程，六万多人的建设队伍开拔到高原之上，首先打通了已经封闭多年的德令哈至关角的隧道。同时从各部委近50家科研单位，抽调1 000名科技人员开展区域冻土、冻土力学、冻土热学、冻土建筑材料等领域的科研攻关。但是四年以后，虽然西宁至格尔木段铁路已经修通，青藏铁路却再次被叫停，这次停工的主要原因是后面路段越来越恶劣的高原气候，以及无法克服的高原冻土筑路的难题。

青藏高原 ▷

青藏铁路第三次启动已经是20年之后，时间已经进入了21世纪，经过无数科学家数十年如一日的科研攻关，在高原多年冻土上修建铁路的技术难题已经解决，同时随着科学技术的不断进步，勘察测绘手段的逐步提高，能够在高原恶劣环境下施工的大型机械都被研发成功。万事俱备，只欠东风，在国家的一声令下之后，中断了几十年的青藏铁路建设再次起航。

2
在高原上修建铁路的真正难题

　　除了恶劣的自然气候和脆弱的环境，阻挡青藏铁路修建的真正难题就是高原多年冻土。那么什么是冻土呢？所谓冻土，指的是土体温度低于0℃且含有冰的特殊岩土体，一般可分为短时冻土、季节冻土以及多年冻土。地球上冻土区的面积约占陆地面积的50%，其中多年冻土面积占陆地面积的25%。我国多年冻土面积占国土面积的22%，属于多冻土的国家，我国的冻土主要集中在东北大兴安岭和青藏高原两个区域。

高原冻土 △

　　冻土具有很多独特的物理特性，当土体处于冻结状态时，冻土强度很高，甚至超过了混凝土；但是当土体融化时，将完全丧失强度，变成一摊烂泥。冻土的物理和力学性质均会随冻土温度而发生剧烈的变化。在工程的影响下，多年冻土会发生冻结冰线下移、地下冰融化、多年冻土温度升高等现象，诱发威胁工程安全的热融滑塌、融冻泥流等冻融灾害和以冻结过程为主的冻胀丘、冰锥等冻结灾害。另外，冻土具有强烈的冻胀作用，能使建筑物产生剧烈的冻胀破坏。

　　在高原冻土区进行铁路路基施工时，如果不能解决冻土融塌、沉降以及膨胀变形等难题，势必会给铁路运营带来巨大风险。冻土在寒冷的冬季像冰一样冻结，随着温度的降低，体积发生膨胀，建在上面的路基和钢轨就会被膨胀的冻土顶起。到了夏季，温度升高，冻土融化，体积缩小，路基和钢轨又会随之凹下去。在冻土的冻结和融化反复交替作用下，路基就会出现翻浆、冒泥、沉降变形现象，使得钢轨扭曲变形，变得高低起伏，严重威胁行车安全。

尽管世界各地在多年冻土区修筑铁路已有百年以上的历史，但是因为对冻土的危害认识不足，也没有相应措施解决这个难题，使得这些铁路运营现状并不乐观。比如沙俄时代修建的西伯利亚铁路，长9 446千米，穿越冻土区2 200千米，至今运营了100多年，线路的病害率达40.5％；苏联修建的第二条横穿西伯利亚的贝阿铁路，长3 500千米，穿越冻土2 500千米，据20世纪90年代初调查，线路病害率为27.7％。青藏公路在1999年调查显示线路病害率也达31.7％，而我国东北冻土区铁路的病害率也不小于40％。

由上述数据可知，如果不解决冻土问题，在青藏高原上修建铁路几乎是不可能的事情。因为青藏铁路自昆仑山北坡西大滩至唐古拉山南麓的安多河谷，约550千米范围通过多年冻土区，分布面积约2.45万平方千米，海拔大部分在4 400米以上，属中纬度多年冻土。该地区海拔高，纬度低，气压低，日照强烈，气候严寒，冻结期长，加上青藏高原构造运动频繁，多年冻土具有地温高、厚度薄等特点，其复杂性和独特性举世无双，与俄罗斯和我国东北地区的高纬度冻土差别很大。因此必须研发适合青藏高原独特环境的冻土治理措施。

3

解决高原冻土区筑路的几大法宝

　　冻土问题在全世界的工程界都是一个难题，世界上几个冻土大国诸如俄罗斯、美国、加拿大和中国等国的科研人员都为解决冻土技术难题付出了艰辛的努力。那么，对于青藏高原的冻土而言，需要解决的关键问题是什么呢？其实，需要解决的核心技术难题就是冻土的热稳定性问题。因为在多年冻土区修建铁路，会破坏冻土的天然平衡状态，削弱和破坏冻土的热稳定性，从而影响路基的稳定。再者，受全球气候变暖的影响，使得冻土本身的热稳定性逐渐削弱，工程建设必须准确预测到几十年之后冻土的稳定状态，并采取相应的措施，保护冻土的热稳定性，从而保护铁路的行车安全。

　　经过我国科学家多年探索，终于找到了解决高原多年冻土筑路问题的办法，并且将"保护冻土而不是破坏冻土"的理念贯彻始终。高原冻土对铁路的路基影响最大，要保证路基稳定，就必须保持冻土的热稳定性，而冻土的热稳定性都有一个温度阈值，超过这个温度，冻土就会融化。因此，解决冻土热稳定性的最好办法就是给路基保温，将温度保持在融化温度阈值之下。

　　给路基保温有两个办法，一个是主动措施，一个是被动措施。所谓主动措施是指能够主动冷却地基多年冻土的措施；被动措施是依靠材料或结构增大热阻，减少传入多年冻土热量的措施。而解决的原理就是充分利用热能的辐射、对流和传导三种方式。依据这些科学原理，解决冻土区筑路的主要措施包括选择合理的路基高度、路基铺设隔热层、片石路基结构、热棒路基结构、通风管路基结构、遮阳棚以及以桥代路等。

　　选择合适的路基高度是一种被动降温措施，不能适应千变万化的地形条件。铺设隔热层的路基结构虽然在夏季能够隔热，但是在冬季也会阻止低温进入冻土层，也是一种被动降温措施。

片石通风路基在暖季可减少热量的传入，具有热屏蔽作用，在寒季则能显著提高冷量的传入，增加冷量储备，对多年冻土起到保护作用。

热棒路基结构是指把热棒按一定距离设置在路基坡脚或路肩并插入路基体或基底土体中提高冻土热稳定性的一种措施。热棒能主动降温，不能反向给冻土升温，保温效果非常好。

热棒路基 △

通风管路基是在路基底部以上一定高度横向铺设一定孔径的通风管，与路堤填筑材料组成复合式通风路堤。在通风管的一端安装了自动温控风门，当温度较高时，风门会自动关闭，温度较低时，风门自动打开，这样可以避免夏季热量进入通风管，能够主动对路基进行保温。

通风管路基 △

遮阳棚措施是在路基上部或边坡设置遮阳棚，可有效减少太阳辐射对路基的影响，减少传入冻土地基的热量。

如果有些冻土地段不能采用上述办法时，就采用最后的撒手锏以桥代路措施，桥梁的基础可以深入冻土层30米之下，通过冻土层与基础的摩擦力就能保证桥梁的稳定性，利用桥梁穿越多年冻土区。

4
谁是雪域高原上的大力士

青藏铁路是世界上海拔最高、线路最长的高原铁路，全长1 956千米，其中工程最艰巨的格尔木至拉萨段全长1 142千米，穿越海拔4 000米以上地段960多千米，最高点为海拔5 072米的唐古拉山口，经过多年冻土地段550多千米。线路地理条件复杂，要穿过戈壁荒漠、沼泽湿地、雪山草原和550千米的多年连续冻土地带，并且该地区还有5级烈度的地震带，昼夜温差最高达40℃，最高风速达32.6米/秒，常年风沙雨雪，并有较长的雷暴区段。这里空气稀薄，气压很低，空气中的含氧量仅为海平面的50%左右，且伴随强烈的紫外线照射。

"雪域神舟"号内燃机车 △

在这么恶劣的环境下行车，对牵引机车提出了更高的要求。普通机车在青藏高原连正常额定功率的一半都发挥不出来，无法承担任务。这就需要针对特殊的严酷条件，研发新型铁路机车。这种新型"大力士"要满足在高原上启动、制动、牵引、环保等一系列技术要求。目前在青藏铁路上使用的是从美国进口的NJ2型内燃机车和国内自主研发的"雪域神舟"号内燃机车。

在高原条件下，限制机车柴油机功率发挥的极限参数为增压器最高转速、最大排气温度和爆发压力，这三个参数的任何一个都不可或缺。柴油机在高海拔条件工作时，由于受增压器特性的限制，其热负荷将有所增大而机械负荷则相对减小。柴油机为满足机车规定的牵引功率要求，要按高原条件完善柴油机的增压匹配，并对相关的机械结构做适当的调整，这就要求柴油机的功率必须随着海拔高度的变化不断进行修正，这是必须满足的苛刻条件之一。

苛刻条件之二，高原的高海拔和低气压使得机车冷却水的沸点降低，会影响冷却效果，因此机车冷却水系统必须采用加压冷却方式。为了适应高原风沙大的特点，需采用过滤精度高、纳污能力强的柴油空气滤清系统和主发电机、牵引电动机通风系统。除此之外，对机车上的一些敏感器件应具有良好的防寒、保温、预热和安全防护措施。机车上还要有针对大风堆雪的排障器，配备性能良好的防空转、防滑行控制装置。由于青藏铁路某些段落坡度很大，机车应装有重联装置，应能满足三台及以上机车重联的要求。

国产的"雪域神舟"号内燃机车采用双机重联，机车上安装有我国目前功率最大的柴油机，在海拔5 100米处，其最大运用功率可达2 700千瓦，在海拔2 800米处的最大运用功率为3 400千瓦，最高时速100千米/小时。柴油机配备高原增压器，实现柴油机功率随着海拔不同而自动修正的功能。车身采用棚式或者桁架式侧壁承载结构，采用高强度低合金钢材料，可满足隔热和吸震要求。冷却系统采用加压冷却方式，机车还配备防沙防雪装置和变压吸附式制氧机，满足司乘人员需求。美国进口的NJ2型内燃机车，其性能也同样能满足在青藏铁路牵引的技术条件。

美国进口NJ2型内燃机车 △

5

奇妙独特的高原有氧客车

　　机车车辆是直接与乘客密切相关的两大铁路设备，其性能的好坏，直接影响着铁路运输的顺畅与否。青藏铁路除了需要"雪域神舟"号这种牵引"大力士"，更需要保护乘客、满足乘客出行舒适需求的特制高原客车。

　　鉴于青藏高原自然条件恶劣，为了保证乘客的出行安全，青藏铁路上行驶的客车需要满足更高的技术要求，对车辆的密封、压力控制与供氧系统、车辆转向架、车辆尺寸、车辆轻量化、抗侧风稳定性、车端的连接装置与车上的高原电气设备都有着严格的控制。

25T型客车 △

　　青藏铁路上运行的是改进后的25T型客车，这种车型是为中国铁路第五次大提速设计制造的，由青岛四方—庞巴迪—鲍尔铁路运输设备有限公司负责研发，吸收了多年来制造和运营经验。25T型客车两端设通过台，一位端设乘务员室、电茶炉、可实现电机开关的控制柜；二位端设开敞式洗脸间、厕所等。车辆的设计制造贯彻先进、成熟、经济、适用、可靠的方针，遵循标准化、系列化、模块化、信息化的原则。25T型客车在功能性、安全性、质量可靠性、环保性、舒适性等方面集成了当时中国铁路装备的最新技术，代表了当时中国主干线铁路装备的最高水平。

专门用于青藏铁路的25T型客车的整体设计既体现了现代化、舒适性，又在技术上重点解决了适应高原自然环境和恶劣气候的运营条件。车辆采取封闭式车厢，保证外面的雨雪粉尘不侵入车内。为了避免乘客在列车通过高海拔地区时出现高原反应，列车都配备了制氧系统，采用弥散式供氧与分布吸氧相结合的方式。弥散式供氧对整个车厢供氧，根据车内空气中氧气的含量自动控制制氧机的运作，使空气中氧气的浓度始终保持在人体舒适的水平上，克服旅客的高原反应。分布式吸氧可随时保证旅客补充吸氧的需要。车上的制氧机还能够独立制造满足医疗需要的高浓度的氧气，以备病人和医生的不时之需。除此之外，车上还设有医疗急诊室，对突发、急症病人可及时进行诊疗。

青藏铁路客车车厢内景 △

为保护青藏高原脆弱的生态环境，车上设有真空集便装置和污水、污物箱，所有废水、污物均统一收集，统一排放。车辆进气系统为全新结构，可防风雪、风沙的进入，非电器件均采取了防紫外线措施，以防设备快速老化。车内设有会议室和配餐室，方便乘客的需求。车上还加装了先进的故障诊断、检测系统，GPS电子地图，摄像、影视系统，路轨情况检测装置等，这些先进的设施可让旅客乘坐在宽敞明亮舒适的车厢里，欣赏沿途美丽多姿的青藏高原壮丽景象，为漫长的旅程增添了许多乐趣。

6 青藏铁路GSM-R通信系统

青藏铁路因为自然条件恶劣，在运营中不能照搬普通铁路的管理模式，在一些小型车站必须实施无人化管理，即使像拉萨站这种省级的大型车站，管理人员在站长以下也仅仅十余人。这种用极少的人管理上千千米的铁路运输，势必要对通信设备提出更高的要求。那么，在人烟稀少的青藏高原，车站与调度部门之间采用何种通信方式才能保证万无一失呢？答案是采用当时最先进的GSM-R通信技术。

中国铁路建设，尤其是高铁建设，目前已经全部采用GSM-R通信技术，但是青藏铁路是全亚洲第一条完全基于GSM-R通信系统的铁路。这在当时国内铁路采用的通信技术普遍落后的情况下，绝对是一个创举。那么，什么是GSM-R通信系统呢？这套系统是专门为铁路通信设计的综合专用数字移动通信系统。所谓GSM，是全球移动通信系统的英文简称。GSM-R系统与我国目前覆盖最大的GSM网络标准相仿，是一种基于当前世界最成熟、最通用的公共无线通信系统GSM平台、专为满足铁路应用而设计开发的无线数字通信系统，并针对铁路通信中的列车调度、列车控制和支持高速列车等特点，为铁路运营提供定制的附加功能和经济高效的综合无线通信系统。GSM-R系统也是一种数字式的集群系统，能够提供无线列调、编组调车通信、应急通信、养护和维修组通信等语音通信功能。

GSM-R系统由交换子系统、基站子系统、运行与维护子系统、通用分组无线业务子系统（GPRS）、终端子系统及移动智能网子系统组成。通过交换子系统中的网关移动交换中心，实现与其他通信网络电路域业务的互联互通，通过通用分组无线业务子系统中的网关GPRS业务支持节点，实现与其他数据信息网络分组域业务的互联互通。

　　该系统具备三大特点，第一就是技术先进，解决了过去铁路通信都是通过语言交流的缺点，将语音与数据相结合，同时具备语音和数据传输功能。这套系统与GPS卫星定位系统、机车车载计算机结合，可以实现机车与地面控制中心之间的列车实时控制信息的传送。第二个特点就是安全性高，由于控制中心可以随时掌控列车的运行状态和位置，这就为运输安全提供了保障。第三个特点就是全面性强，该系统场强覆盖性好，通信发射塔的覆盖半径可达6千米。在青藏铁路沿线按照设计要求，布设了许多座发射塔，可以覆盖整条线路。

　　GSM-R通信系统还考虑了青藏高原特殊的自然条件，满足了节能、安全耐用、不维修或者少维修的要求，可以大大减少地面人员的配备数量，实现了青藏铁路"少用人、免维护、高可靠"的目标。

青藏铁路GSM-R通信铁塔 △

7
将环保防灾放首位的高原铁路

工业生产和基础设施建设，势必对环境影响越来越大，每年不期而至的沙尘暴、在城市里足以让人窒息的雾霾，都是环境恶化的直接反映。铁路作为大型基础设施，其建设更是与环保密切相关。国家针对环境保护出台了多部法律法规，将环保问题上升到了关系到国计民生的高度。

而青藏高原是我国多条大河的发源地，素有"江河源"之称，由于幅员辽阔、环境复杂，形成了其独特而典型的高原自然生态类型。但因海拔高、空气稀薄、低温严寒、气候干燥且变化异常，沿线动植物种类少、生长期短、生物量低且生物链简单脆弱，一旦被破坏，将永远不能恢复到自然水平。高原环境被破坏之后，还会引起冻土融化、沙化和水土流失，导致自然环境的进一步恶化。青藏高原对全球环境的影响十分巨大，青藏高原的降水、冰雪、气候、植被以及资源开发过程的生态环境演化状态，必然影响到相关区域，引起下游地区生态环境的变化。因此，青藏铁路建设中坚决执行"预防为主、保护优先、开发与保护并重"的指导方针，根据青藏高原的特点，沿线的植被、珍稀保护物种、自然保护区、湿地、原始景观、河流源头、冻土环境等都放在了保护的首位。

移植草皮 △

在整个青藏铁路施工期间，第一次设置了环保监理岗位，对沿线各个工地进行环境保护监督，对于故意损害高原环境的施工人员处以重罚，绝不允许随便损坏施工场地之外的一棵草、一个水塘，不允许射杀一个动物，因为施工不得不占用的湿地，要在附近原样再造。仅仅重新再造一个湿地，就需投资110万元。为了保护沿线的植被，光草皮移植就花了2亿元。施工期间还为动物迁徙预留出足够的通道，全线预留出动物通道33处，占全线总长度的5.3%。整条铁路花费在环保方面的投资高达15.4亿元，占了总投资的4.6%，这种力度，在其他铁路建设中前所未有。

建成并运营之后的青藏铁路，完全执行了近乎严苛的环保理念，将工程对高原环境的影响降到最低。青藏铁路在选择线路之初，就最大程度减少了对高原环境的破坏，建设过程中为了降低污染物的排放，减少了车站的设置，在运营后修建了污水处理厂和垃圾处理厂，充分利用太阳能和风能等清洁能源。青藏铁路采用的这些环保举措，为中国铁路建设增添了浓墨重彩的一笔。

藏羚羊迁徙通道 △

8 青藏铁路创纪录的重点工程

　　青藏铁路工程以其雄霸天下的豪情创造了数个世界第一。这是一条世界海拔最高的高原铁路，铁路穿越海拔4 000米以上地段达960千米，最高点为海拔5 072米，是世界最长的高原铁路。青藏铁路格尔木至拉萨段，穿越戈壁荒漠、沼泽湿地和雪山草原，全线总里程达1 142千米，是世界上穿越冻土里程最长的高原铁路，铁路穿越多年连续冻土里程达550千米。海拔5 068米的唐古拉山车站，是世界海拔最高的铁路车站。海拔4 905米的风火山隧道，是世界海拔最高的冻土隧道。全长1 686米的昆仑山隧道，是世界最长的高原冻土隧道。海拔4 704米的安多铺架基地，是世界海拔最高的铺架基地。全长11.7千米的清水河特大桥，是世界最长的高原冻土铁路桥。青藏铁路冻土地段运营时速达到100千米，非冻土地段达到120千米，这是目前世界上火车在高原冻土铁路上的最高运营时速。

昆仑山隧道 △

　　除了创造这么多世界第一之外，还有三个重点工程，其施工难度之高也创造了世界纪录。比如世界最长高原冻土隧道——昆仑山隧道，地处多年冻土区，地质结构复杂，自然条件恶劣。隧道穿越多条断裂带，进口处有厚层地下冰，出口处为乱石堆积体，中间有裂隙水、地下水和融冻泥流，被专家形象地称为高原地质的"万花筒"。施工与科研单位在工地进行了多项科研试验，取得了"湿喷混凝土施工作业"、"防排水结构和隔热保温层施工技术"和"隧道仰拱作业桥的研制和使用"等多项科研成果并应用在建设之中，为打通这条隧道提供了强有力的技术支持。

而海拔最高的风火山隧道位于青藏高原可可西里无人区，是青藏铁路建设中的重点、难点控制工程。这条隧道地质条件复杂，主要为含土冰层、饱冰冻土、富冰冻土，还有裂隙冰、融冻泥岩等病害性地质。同时，该地自然条件严酷，平均海拔4 900米，年均气温－7℃，极端气温达－41℃，空气中氧气含量只有海平面的50%左右，被喻为"生命禁区"。其次，工程艰巨，冻土层最厚达150米、覆盖层最薄处仅有8米，施工难度极大。承建单位先后在高原冻土隧道设计和施工中，研制、使用了适应冻土隧道施工的低温早强混凝土，采用了防水、保温等新技术和新工艺，攻克了浅埋冻土隧道进洞、冰岩光爆等技术难关，最终啃下了这块硬骨头。

而清水河特大桥是世界高原冻土地段最长的铁路桥，位于海拔4600米的无人区内。这座桥工程量较大、施工条件差、环保任务重。这里是可可西里的国家级自然保护区，生态环境极为脆弱，又是藏羚羊、藏野驴等国家珍稀保护动物频繁迁徙的地区。承建单位在选用先进、适用机械设备快速有序组织施工的同时，尽量减少施工活动对野生动物的惊扰，将对冻土热平衡的扰动降低到最低程度。经过不懈的努力，这条长达十几千米的特大桥，终于在无人区呈现出了雄伟的身姿。

清水河特大桥 △

9
青藏铁路的防沙防雪技术

　　除了多年冻土之外，风沙也是青藏铁路沿线重要的不良气候现象，主要分布于西大滩、五道梁、清水河及措那湖等地段，属于特别严酷的无人区，这里风沙活动复杂、强烈，风沙危害大，环保要求高。对高原严寒地区的风沙防治，是影响青藏铁路安全运营的重大技术问题。青藏铁路风沙防治坚持"以防为主、防治结合"的原则，以工程防沙为主，因地制宜，综合治理。

青藏铁路防沙 △

　　青藏铁路的防沙措施根据不同的沙区特点采取不同的方法，比如在半固定沙地、活动沙地及风沙流地段可采取平铺卵石土、设置石方格沙障固沙和阻沙。在风沙活动范围大或者沙源丰富地，可在平面防护范围以外设置混凝土透风式高立式沙障阻沙。考虑所用材料的耐久性和环保等因素，青藏铁路设计了多种高立式阻沙结构，包括横板带孔混凝土挡沙栅栏、悬挂半圆块混凝土挡沙栅栏、活动板式混凝土挡沙栅栏、砖墙挡沙栅栏等。

　　为保证高原寒冷区铁路正常运输，除了防沙害之外，防雪和防冰也是必不可少的。在确定线路走向时，就提前绕避严重雪崩和风吹雪地段，不得不通过时，可采用隧道通过雪崩地段和山口风吹雪强烈地段，同时采用防雪棚洞、防雪渡槽等永久性工程措施保护线路。除了防雪之外，还要采取主动阻雪措施，可采用阻雪栅栏、阻雪墙、防雪林等，用来阻挡风雪流，降低其运动速度，将雪粒拦截堆积在线路以外。在雪崩和风吹雪严重地段，可修建防雪棚洞，使得高原线路免遭积雪危害。防雪棚洞通常临山修建，采用钢筋混凝土结构或钢结构，棚洞顶部顺坡略大于山坡坡度，以利积雪的排泄。为了防止雪崩侵害铁路，可以在雪崩源头区修建阻雪、稳雪工程，支撑山坡积雪，防止积雪蠕动和断裂；在运动区修建消散雪崩能量工程，降低雪崩运动速度；在堆积区采用导雪和阻挡雪崩的措施，把雪体引导或拦截在线路之外。

在铁路线路上，道岔及其转换装置是比较脆弱的设备，也是关系到行车安全的关键设备之一。若道岔被大雪覆盖，很容易影响转辙机的工作，进而影响道岔的正常使用。这就需要随时清理道岔上面的积雪，但是在高原严酷的环境下，采用人工清雪不现实，因此道岔融雪装置便起了很大作用。道岔融雪设备是通过降雪传感器和轨道温度传感器，自动控制检测参数，当检测到降雪达到一定厚度，融雪系统自动开始工作，从而保证道岔不被大雪侵害。

为了能够随时监测雪害的发生，青藏铁路上建立了雪害监测报警系统。在可能发生雪崩和风吹雪的地段设置雪害监测传感器，对高原线路附近的降雪量、积雪深度、气温、风速等气象参数进行实时监测，当监测到影响行车安全的雪害信息时自动发出警报。这些主动防雪、阻雪的措施能够很好地解决雪害的问题，不至于让铁路交通陷入瘫痪。但是对于那些漏网之鱼，还需要铁路的清雪机械随时进行清除，机车前面也设置了犁状清雪器，用来铲除铁路积雪。

道岔融雪装置 △

10
青藏铁路的应急救援系统

　　任何铁路都需要应急救援系统，但是青藏铁路因其特有的运营模式和线路条件对应急救援提出了更高要求。铁路穿越的地段大都是无人区，一旦出现铁路行车事故以及对行车造成危害的各种自然灾害，不但影响行车，还会危及人员安全，若不能及时救援，将会造成重大的生命财产损失。而应急救援系统可以尽快消除事故对铁路运输的影响，尽可能减少损失，保障线路畅通。因此，为了保障铁路行车安全，需要建立应急救援体系，提高高原铁路紧急救援的反应速度和协调水平。这套应急系统可支持安全管理人员增强事前预防、事后快速反应和高效率的救援工作意识。

铁路救援车 △

　　青藏铁路安全救援系统可分为八大功能模块，分别是现场救援指挥子系统、预案管理子系统、事故管理子系统、决策支持管理子系统、救援资源管理子系统、系统维护子系统、数据交换子系统、应急演练子系统八个系统。其中现场救援指挥子系统实现对应急现场救援指挥及信息管理功能；预案管理子系统包括综合应急预案、专业应急预案和站段应急预案，实现救援预案的流程化、系统化、规范化和模块化管理；事故管理子系统包括现场事故管理和历史事故资料的管理；决策支持子系统是为应急救援决策提供辅助信息的子系统；救援管理子系统实现对应急救援体系中所有应急救援资源的统一管理；系统维护子系统实现对用户权限管理、系统参数维护和系统维护等功能；数据交换子系统可实现应急救援指挥信息系统外部业务应用系统间的数据交换；应急演练子系统实现应急救援系统事故演练的设计、执行总结和资料管理。

上述八个子系统经过集成模块化，通过电子技术、计算机技术、现代通信与信息处理技术、控制与系统技术、管理与决策支持技术、智能化技术等，结合全球定位系统与射频识别技术，将八大模块统一到应急救援系统平台之上，实现应急救援的日常管理、现场指挥和事故总结分析。

铁路救援机械 △

高原铁路安全行车，是重中之重，丝毫不能马虎，而应急救援系统就是使铁路生命和财产损失降到最低的最后一道屏障。

八 铁路集运
——集装运输快捷高效

1 铁路集装运输的优势

要讨论铁路集装运输，需要举一个简单的例子来说明它的好处。比如你是一个老板，销售瓶装水等小件货物，在没有铁路集装之前，你需要将这成百上千的小件货物一件一件装上汽车，然后拉到铁路货场，再将这千百件货物一件又一件装进铁路棚车。等到达目的地后，再重复前面的装卸方式。很显然，这种装卸运输方式效率极低，且货物损害严重。如果货物量不大，还看不出明显缺点，如果小件货品数以万计，那就需要庞大的成本和漫长的货物周转时间。若采取铁路集装运输，货主只需要将小件货品装进集装箱，用汽车拉到货场直接装火车，到达目的地之后，再将集装箱卸下，不但减少中间二次装卸作业，降低了货物破损率，也极大地缩短了货物的周转时间，节省了成本。因此，铁路集装运输是国际通行的一种货物运输方式，占据了全世界货物运输的75%以上。

对于铁路而言，货物运输是其最主要的收益点，占据整个客货运输的60%的比例。货物在铁路上周转得越快、中间折腾的时间越少，铁路运输的效率就越高。在相同的线路上，采用不同

铁路集装箱运输 △

的货物运输方式，获取的效益可谓天壤之别。如此一来，铁路货运技术发展便有了明确方向，那就是集装化、集中化、重载化、直达化和快速化。上述任何一种方法，都是挖掘铁路货运潜力的良策。

集装运输包括集装箱运输和集装化运输，对适于装箱的货物采用集装箱运输，对非适箱货物则采用集装化运输。因此集装箱运输是借助集装箱这种大型标准化容器为载体进行货物运输。集装化运输是使用托盘、集装笼、集装架、集装桶、集装袋设备，将货物等组合成运输单元，再经由铁路运输的方式。

集装箱和集装化运输都方便承运、装卸、搬运和交付，能够充分利用车辆载重力，加速车辆周转，保证货物运输质量，提高货物运输效率，实现多式联运和"门到门"运输，是实现铁路货物运输现代化的重要途径。尤其是集装箱运输，已经成为各种运输方式之间乃至国际办理货物联运的主要运输工具。

所谓货物集中化，指的是将原来大大小小零零散散的货场集中起来，办理货物运输的方式，这样可以提高铁路的竞争力。货物直达化是从始发地编组直达目的地的货车，中间不进行解体和编组作业，节省货物的周转时间。货物重载化是充分发挥铁路集中、大宗、长距离、全天候的运输优势，大幅度增加运输能力、提高运输效率和降低运输成本，是现代世界铁路运输领域所取得的最重要的技术成就。货物快速化适用于行包快件，它们的重量轻、装载运输方便，通过提高货车的运行速度，更方便地为货主服务，目前开行的中铁快运专列就是其典型代表。铁路部门从2013年6月起便开始货运市场化改革，铁路快运以其优势，必将发挥更大的威力。

货物集装化运输 △

2
国际集装运输突飞猛进

　　铁路集装运输技术在国际上已经发展了两百多年。1805年，英国开始出现集装运输的设想。19世纪50年代，英国首次出现带活动框架的运载工具，是集装箱的雏形。又过去了半个世纪之后，1900年，英国首次在铁路上开始采用集装箱运输。到了1930年，国际集装箱协会成立于巴黎，主要负责制定集装箱的规格标准等。20世纪50年代，美国的集装运输发展迅猛，出现了驼背运输和箱驮运输，两种运输方法类似，就是将集装箱半挂车或者集装箱装到铁路平车上运输的方法，开启了铁路公路联合运输的时代。

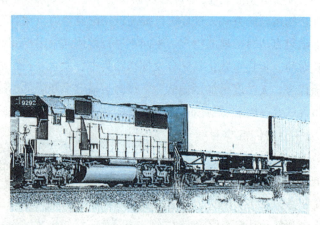

铁路驼背运输车辆 △

　　在第二次世界大战期间，美军为了运输军用物资，开始了海上集装箱运输的尝试。在第二次世界大战之后，美国又发明了集装箱滚装船，满足了货物运输的速度快、费用低和破损小的要求。随后，海陆集装箱联合运输从军事需要发展到民用需要。在1956年，美国泛大西洋轮船公司首次开始集装箱的海陆联运，将每吨货物的运输成本从5.83美元降低到0.15美元。在美国的示范效应之下，世界各国开始大力发展集装运输，同时各种型号、功能各异的集装箱慢慢形成了国际标准，为实现国际集装箱联合运输创造了便利条件。

集装箱海陆联运 △

我国的集装箱运输起始于1955年，几乎与美国同步。最初研制的集装箱型号小、载重轻，总重2.5～3吨，利用铁路敞车进行运输，在沿线的零担货场办理货运作业。当时全国的集装箱也没超过6 000个，虽然对货运起到了一定的促进作用，但是远没有发挥其巨大效能。到了1977年，鉴于铁路货物大多数是零担小包装货件，铁路部门研发了1吨箱和5吨箱，特别适合利用铁路的棚车与敞车运输，但是因为其容积小、运量不大，一直没有成为主流。直到1986年，铁路联合其他部门成功试制10吨集装箱，这种集装箱很快成了流行通用的箱型。进入20世纪90年代之后，为了满足国际集装箱联合运输的需要，我国也开始研发满足国际标准的20英尺箱（1英尺=0.3048米）和40英尺箱。到了2010年底，全国集装箱的保有量已经近10万TEU。TEU是集装箱的运量统计单位，一个TEU相当于一个20英尺的标准集装箱。除了国际通用的20英尺和40英尺的标箱之外，还有容量更大的48英尺的集装箱也投入了使用。

集装箱运输采用国际标箱，能大大提高运输能力。随着经济的发展，货运量不断增长，集装箱运输也与时俱进，发展出了双层集装箱运输，就是将集装箱上下叠放，提高运输量。不过，双层集装箱运输不但对火车车厢的轴重有一定要求，对沿线跨越铁路的立交管路设备等也有净空要求。因为双层集装箱高度高，普通的铁路线路无法通过，必须选择合适的线路。因此双层集装箱的通路必须是固定的，火车不能乱跑。

3 功能各异的铁路集装箱

首先让我们认识一下什么是集装箱。集装箱的英文名字是"container"，就是"货柜"的意思，特指专供货物周转使用、便于机械作业和运输、具有一定强度和刚度的大型集装容器。按照国际标准化组织的定义，集装箱必须满足以下功能：第一必须具有足够的强度，能够反复使用，非一次性设备；第二，适用于一种或者多种运输方式，在中间变换运输方式时，集装箱内的货物不动；第三，具有快速装卸和搬运的构件，便于在不同的运输方式之间转换；第四，具备货物装满和卸空的条件，最后一个要求，就是集装箱的内部容积不小于1立方米。

△ 干货集装箱

任何设备都不可能只有一种型号，所以集装箱也是千差万别、型号和功能各异，可以按照它的用途、结构、材质和总重来进行分类。如果按照用途来分，一般有普通集装箱和特种集装箱。普通集装箱还可细分为通用集装箱和专用集装箱，前者可以装载不同的货物，后者货品单一。特种货物集装箱因为货品特殊，要求各异，必须特事特办，可分为保温集装箱、罐式集装箱、干货集装箱等。若按照材质来分，有钢制、铝制集装箱等。而按照结构来分的话，有整体式集装箱、框架式集装箱、可折叠集装箱以及软式集装箱。按照总重可分为大型、中性和小型集装箱，都是根据它的载重而言的。

铁路集装箱外面都要标注各种参数，用于对集装箱进行识别管理，诸如箱主代号、集装箱顺序号、国家和地区代码、尺寸及类型、额定质量和空箱质量等。集装箱因为属于特殊的货物运输方式，对其材质、构造、抗损坏性都要进行试验，以保证其质量可靠，保证运输安全。那么集装箱在投产之前，主要做哪些试验呢？

首先是堆码试验，因为集装箱不管在货场还是在运输途中，为了节省空间，都不可避免地要进行堆码。在货场存放时，只是静态堆放。集装箱的运输船一般可以堆码6～9层，还要考虑海浪颠簸造成的偏离，所以堆码试验主要检测海上运输时，集装箱动态堆放的技术要求，让最底层的集装箱具备满足要求的抗压强度。其次是集装箱的上下部吊装试验，主要检测集装箱上下四个角的扣件强度，避免在吊装过程中发生断裂，同时检验箱顶和箱底的结构强度。再者是纵向栓固试验，可以检验运输中的集装箱侧向滑动的大小，改善加固措施。

端壁和侧壁试验主要是检测在运输中，箱内货物对侧壁的冲击力，用以加强箱体。箱顶试验是为了满足集装箱上面有人作业时，保证集装箱对某点集中荷载的结构强度能够满足要求。箱底试验是测试在叉车托起集装箱的时候，施加给集装箱底端的集中荷载能否对其造成破坏。除此之外，还有纵横向刚度试验、风雨密封试验、叉举试验和箱内固定货物的设施强度试验等。只有经过千锤百炼，集装箱才能载货勇往直前。

集装箱试验 △

4 集装箱的运载工具

　　好马配好鞍方能让骑手更好地驾驭。集装箱如此特殊，在运输时也需要相配套的运载工具，才能满足其重量和尺寸需要。在集装箱运输发展之初，铁路货车都能装载集装箱，但是因为箱型和车型不配套，无法充分利用车辆空间，还会在运输过程中，因为绑扎防护措施不当，对集装箱造成损坏，铁路的运输能力也无法发挥到最大。除了铁路之外，运输集装箱的载运工具还有汽车和轮船，它们的型号、尺寸与载重量，也要满足集装箱装载运输的要求。

　　铁路集装箱运输车经过多年的技术攻关，已经取得了很大突破，能够适应各种型号的集装箱装载运输。诸如单双层集装箱运输车、长短型集装箱运输车等，车辆的载重也从50吨提高到78吨，车辆运行时速从每小时80千米增加到120千米。车辆的转向架、制动机、缓冲设备，甚至车钩也都千变万化。

集装箱运输车 △

　　铁路集装箱运输车具备多种特点，满足集装箱的装载运输需求。比如车底架不再是铁板一块，而是做成骨架结构，在车辆底盘的四个角上设置构件用于支撑集装箱的重量。车辆底板做成骨架结构，能大大减轻车辆的自重，进而装载更多的集装箱。为了加固集装箱，车辆上还设置了用来对箱体加以固定的构件。车辆还有一项最主要的特点，那就是承载面很低，比一般的火车底盘低得多。这是因为，集装箱的尺寸越做越大、越做越高，如果不降低车辆承载面，集装箱的高度就会突破运输限界，同跨越铁路的立交设施相撞。比如连接英法两国的英吉利海峡隧道，原设计只能通过普通的集装箱，随着大型的集装箱应用越来越多，如果不采取措施，根本不可能通过隧道运输，所以只能采取将车辆承载面降低的办法。目前，降低车辆承载面有两种措施，一个是将车辆底盘做成凹形或者下落孔式，另一个是车辆底盘不动，减小车轮的直径。欧洲集装箱运输协会就研制成功了轮对直径470毫米、承载高度为600毫米的铁路集装箱专用车，能够装载高度为9.5英尺（2.896米）的大型集装箱。

　　现在通用的集装箱运输车按照长度分为40、60、80和90英尺四种；按照车辆轴数可分为四轴车、六轴车和关节式三种；按照车辆底板结构又分为平板式、骨架式两种；按照装卸方式的不同，可分为吊装式、滚装式、侧式、回转式与公铁两用集装箱运输车。吊装式运输车需要集装箱装载机械的帮助，滚装式运输车可以让货物自己开上开下，比如汽车集装箱运输车。侧式集装箱运输车通过装备液压和链锁装置直接进行货物装卸，不需要装卸机械。而回转式车辆设有回转台，利用回转台扭转车体，实现公路和铁路之间的货物交换。

NX70型铁路集装箱平车 △

5
铁路集装箱的办理工厂

　　铁路集装箱运输作为一种新型的货运方式，不但集装箱结构特殊、装载集装箱的车辆特殊，而且办理集装箱装卸的车站一样需要特殊设计。我们将办理一般货物的铁路车站地称为货站。相应地，将专门办理集装箱装卸、运输和存储业务的车站，叫集装箱中心站和办理站。

　　中心站不管从规模上、办理集装箱数量上以及设备配置上，都比办理站要大得多。它相当于集装箱办理的总货站，而办理站则是分散灵活的办理点。按照车站在路网中的作用、办理规模、作业性质和功能定位不同，可分为三个层级：集装箱中心站、专业办理站和一般办理站。目

集装箱办理站 △

前，全国范围内已经规划和建设了18个集装箱中心站，大都是位于直辖市和省会城市，还有33个办理站分散在省会和一般城市。这些中心站和办理站交织成了一个铁路运输网络，覆盖了铁路延伸到的几乎所有地区。

　　铁路集装箱中心站一般位于省会城市、大型枢纽和港口中，年办理集装箱为50万TEU，配备有先进的集装箱装卸、存储、搬运、检修、维护设施。主要办理集装箱的整列到发和装卸，承担货物的集散、中转和运输任务，是集装箱运输网络中的枢纽。它按照地理位置不同分为内陆集装箱中心站和港口中心站。

集装箱专业办理站是区域性质的集装箱运输枢纽，地位仅次于中心站，年运量不能小于5万TEU。也同样配备集装箱装卸、存储、搬运、检修、维护设备。可以办理集装箱的整列到发装卸作业，是区域内集装箱集散、中转和运输的作业站。

一般办理站的地位最低，规模最小，位于铁路支线、干线、小型港口和内陆城市，也设置有简单的装卸、搬运、维修等设备，主要办理集装箱货车的到发装卸以及多式联运的"门到门"服务，承担区域内货物集散功能。

以集装箱中心站为例，一般都与附近的铁路干线接轨，引出铁路线路同集装箱作业场连通。作业场里面要有装卸场，还可根据需要设置拆装箱场。装卸场是中心站的核心，里面要布设有主箱场、辅助箱场、场内道路、门区、停车场及辅助设施等。装卸场单独设区，与其他场区隔离。主箱场是摆放集装箱的重点区域，其面积是根据集装箱作业量的大小、日装卸箱数、占用箱位时间和集装箱堆码层数来确定的。辅助箱场区域则包括待修箱区、清洗箱区、空箱区、国际箱监管区和备用箱区。

集装箱中心站 △

铁路集装箱中心站的装卸场根据作业量、集装箱箱位和采用的装卸机械的类型，来确定股道数量和位置。中心站内的道路要硬化，满足重载汽车的运输需要，并与车站外面的重要干线公路连通。车站的排水要通畅，办公房屋根据需要合理设置，办公区和作业区也进行划分和隔离，以免影响集装箱作业，也避免带来危险。

6
铁路集装箱的装载机械

集装箱因其特殊，所以采用的装载机械也是非同一般的。"工欲善其事，必先利其器"，只有采用配套的集装箱装载机械，才能将作业损失时间降至最低，提高效率，增加集装箱的周转次数。集装箱装载机械一般有龙门吊、正面吊、集装箱叉车、集装箱跨运车等。

龙门吊就是门式起重机，它可以采用轨道运行，也可以采用轮胎行走，前者称为轨行式门式起重机，采用电力驱动；后者是轮胎式门式起重机，采取内燃驱动方式。

门式起重机是货站内作业效率最高的装卸机械，而轨道式龙门吊又是这个系列里面的佼佼者，因为轨道式龙门吊利用铺设在地面的固定轨道运行、操作简单、运用成本低，同时龙门吊的跨度可大可小，从十几米到几十米不等。现在一些轨道式龙门吊的跨度已经做到了70米。这种龙门吊最大的缺点就是只能在固定线路上运行，使用不灵活。

集装箱轮胎式门式起重机 △

轮胎式龙门吊因为采用轮胎运行，轮胎的承载力有限，也就限制了它的跨度。目前跨度最大的轮胎式龙门吊也只有区区30米，远不能和轨道式龙门吊相比。除此之外，这类机械对司机的要求很高，因为他的轨道不固定，司机一旦操作失误，龙门吊就会跑偏，造成撞击集装箱的事情发生。但是轮胎式龙门吊有一个最大的特点，那就是灵活，它可以根据需要在不同的场区进行作业。

另一种装卸机械就是正面吊，它采用轮胎走行，内燃驱动，车上装有可伸缩的吊臂，使用灵活，转场方便，既可以用于汽车、火车的货物装卸，也可用于短途集装箱的运送。正面吊因为吊臂长、可伸缩，可以在两排集装箱区域内作业。它最主要的缺点就是需要转身，必须给足转弯半径，否则就会堵在集装箱之间。

还有一种装卸机械就是集装箱叉车。它是从普通的电瓶叉车发展而来的，取消了原叉车从底盘伸出来的两个叉子，换上集装箱吊装工具，使用灵活方便，广泛用于集装箱码头和堆场，但是在大型集装箱中心站和办理站中，因为作业能力有限，只能作为辅助机械使用。

集装箱叉车 △

集装箱跨运车是一种流动性的搬运机械，与龙门吊非常相似，只不过跨度只满足一排集装箱顺向通过。这种设备因为跨度小所以自重轻，因为自重轻所以走行快，因为走行快所以效率高。集装箱跨运车采用流水作业，无法满足集装箱车站的装卸需要，只能在港口集装箱装卸中使用。

集装箱装载机械的使用，都有其适用范围。当场地狭窄但是运量很大的时候，采用轨道式龙门吊最佳。当场地宽裕、运量也大的时候，就采用轮胎式龙门吊和正面吊。在小型的集装箱办理站，可以采用正面吊和集装箱叉车。选择好的工具，才能最大程度发挥其效能。

7
铁路集装箱的运输组织

　　铁路集装箱运输快捷迅速，具有其他运输方式不可替代的优势。但是并非所有的货物都可以采用集装箱运输。这些货物包括会污染和腐蚀箱体的货物，诸如水泥、化肥、食盐、油脂、生皮毛等。还有一些货物容易对箱体造成破坏，像铁块、废钢铁和没有包装的金属件等。同时鲜活货物也不能采用集装箱。对于危险货物，如果没有特殊的规定，也在拒绝之列。上述不能用于集装箱运输的货物，统称非适箱货物。

　　采用集装箱运输，首先要制订计划，分为每月装箱计划和每月要车计划。有了计划之后，就要制定运输方案，有了运输方案才能制定详细的运输措施，让铁路运输与其他部门联合起来，使得产、销、供、运环节紧密衔接。上述环节完成之后，还要对集装箱进行调度管理，即对集装箱运输的全过程进行监督和指挥。目前铁路集装箱的调度采用统一调度、分级管理的模式。

办理集装箱 △

　　具体的集装箱货运作业步骤包括受理业务、承运、中转、卸车和交付等环节。在集装箱承运步骤中，一般采取开行直达集装箱列车的方式。从列车组织方面考虑，可分为定期直达列车与非定期直达列车。定期直达列车可以定点、定线、定期运行，采取预约列车箱位、按期进货、准点到发的组织措施，为货主提供了方便。非定期直达列车是一种临时开行的集装箱列车，也叫专用直达列车，主要用于港口与内陆之间的集装箱运输，这是由集装箱货船的到达时间所决定的。因为集装箱货船的装载量可以装满几列或者几十列直达列车，一旦货船靠岸，必须组织列车尽快将集装箱运走，所以采取不定期的直达列车是必要的。

按照列车编组的不同，还分为短列直达列车、普通直达列车和组合直达列车。短列直达列车是一种运程短、运量小的运输方式。如果运量大、运距长，就可开行普通直达列车。在港口之间以及港口与内陆之间，当运量集中的时候，为了及时进行货物疏散，可以开行组合直达列车。

从1992年，我国便开始了组织集装箱定期直达列车，主要有哈尔滨至广州北、广州北至沈阳西、哈尔滨至南翔、南翔至哈尔滨、南翔至西安东、西安东至南翔、连云港至阿拉沙口、贵阳南至广州等多条直达列车运输线路。

除了集装箱运输之外，集装箱的管理也很重要，一般要对其进行日常管理登记，在进出站的时候也要进行票据核对，以免集装箱在运输中丢失。集装箱要及时维修和保养，以提高其服役期限。为了保证运输需要，还要储备一些集装箱以备不时之需。当集装箱危及运输和人身安全并且无法修复时，必须进行报废。同时，新的集装箱按照计划要求，要及时补充进运输队伍之中。

集装箱列车 △

8
铁路集装化运输的特点

集装化运输与集装箱运输性质差不多，都是将传统的以人力为基础的包装件，改为用现代化装卸机械作业的货物运输。我国铁路货物集装化运输指的是使用集器器具、采用捆扎索夹具或捆扎方法，将没有包装的货物、散堆装货物、包装成件等货物，组合成一定规格和重量的货物集装件，并经过铁路运输。

军事集装化运输 △

集装化运输比起集装箱运输而言，自由度更大，可以少花钱办大事。满足铁路集装化的条件是：第一，集装化所使用的器具、捆扎索夹具以及捆扎材料必须具备足够的强度，保证集装件安全可靠；第二，货物集装件适用于多种装卸、搬运机械的作业，便于多层堆码和现代化管理；第三，集装件的重量和体积要能充分合理利用运输车船的载重能力和装载的容积；第四，集装件在不同的运输工具之间可以直接进行换装；第五，集装件的重量不小于1吨，体积不小于1立方米。

传统货物运输方式存在四大缺点，即少、慢、差、费，严重制约了货运的发展。少，指的是运输量小，铁路运能不能充分合理利用。慢，主要指的是铁路列车速度慢，货物的周转次数慢。差，当然是最令货主恼火和头疼的事情了，因为运输中货物经常破损，甚至货物交付出现差错，给货主造成不必要的损失。费，当然是费用大、成本居高不下。

　　集装化运输是有针对性地解决上述问题而发展起来的一种新兴运输方式。采用这种技术之后，人力装卸已经成了历史，因为装卸不慎造成的货物破损比例越来越低。当集装化作业将小型包装件集成为大型货件时，一些货物简化包装，还有的干脆不再采用原包装，无形中就节省了很多包装费用和包装材料。例如一些货品在采用集装化运输之后，原来必须使用的包装木箱就可以不用，一年节省木材费用1.73亿元。集装化运输用装卸机械代替人力劳动，在降低工人劳动强度的同时，还能够缩短运输时间，提高装卸效率。以砂石料为例，采用集装化之后比人力作业提高工作效率9.6倍，散堆装石灰石采用集装化之后提高工作效率12倍。采用集装化运输，还可以提高仓库、堆场的空间利用率，这是因为集装化的包装件整齐定型，规格统一，可以进行堆码，就大大提高了仓储设备的存储能力。因为集装化运输流程简化，中间环节减少，所以货物交接作业变得简单省事，可以充分压缩时间，提高作业效率。在集装化之前，一辆60吨的棚车只能装载39吨炭黑，在集装化之后，载重量提高到了52吨，空间利用率提高33%，最终利用率达到了87%。因为集装化运输在中间运输过程中货物不动，通过装载机械就能实现不同运输工具的转换，最容易实现理想的"门到门"服务。集装化运输因为集装器具坚固耐用，不会出现泄漏和破损情况，使得作业场地干净整洁环保。

木材集装化运输 △

9 种类繁多的集装化器具

　　集装化的装卸机要具有保护货品、使用便利，便于识别的功能。这些器具与集装箱有很大不同，不但种类繁多，而且造型各异，都是为了满足某种货品的装卸需要而研发的。比如适用于包装成件货物的托盘与滑板集装器具；适用于没有包装的长形的原材料、杆材料和管状材料的预垫式集装器具；适用于板形、片形货物的架式构造的集装器具；还有适用于装载各种器材、原件、零部件的箱式器具，以及便于承装粉状、粒状和块状的桶袋式集装器具等。各种器具的材料也不同，有的是钢结构，有的是木结构，还有塑料、纤维、钢筋混凝土以及复合材料等。除此之外，还可以分为通用集装器具和专用集装器具，以及刚性和柔性集装器具等。下面选择几种典型集装器具进行介绍。

　　第一种常用的集装器具是托盘。托盘有着货物承载面和叉孔，主要使用叉车装卸、搬运和堆存成件包装货物，可以将零散成件货物集合成一定重量和体积的集装件。按照结构不同分为双面托盘、单面托盘、翼型托盘、立柱式托盘和箱式托盘。制造托盘的材料一般是木材、钢铁和塑料，甚至还可以使用钢木组合、钢竹组合材料。

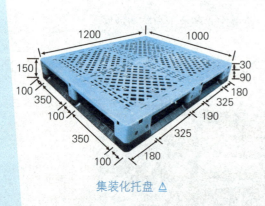

集装化托盘 △

　　第二种常用的集装器具是滑板式器具，也称滑板或滑片。滑板式器具是托盘的一种简化形式，形似簸箕，用料省，成本低，自重轻，占用空间少，并且制造容易，结构简单。滑板的材质有纸质、纤维板和塑料板三种。因为滑板结构简单，没有任何孔洞，一般的叉车根本无法使用，必须用特制的叉车，这种叉车装备一种夹钳，可以直接夹住滑板，进行货物装卸作业。

第三种集装器具是预垫式，主要用于没有包装也不捆扎的钢管、原木和各种管材的集装运输。预垫式集装器具分为刚性预垫、韧性索套具和托垫三种类型。刚性预垫是最简单、最基本的集装器具，简单实用，并且可以随货交付，不需要重复使用。韧性索具可以抵抗外力拉伸和冲击，一般利用尼龙、钢丝绳等材料制成，也属于很常见的一种包装工具。托垫结合了刚性预垫与韧性锁具的特点，主要用于包装板材类货物。

第四种是架式集装器具，俗称集装架，这是一种框架式集装器具，强度较高，特别适合于结构复杂、批量大的重型产品包装。集装架一般采用钢材、木材或其他材料制作，用来固定和保护物品，并为货物集装后的起吊、叉举、堆码提供必要的辅助装置。它可长期周转复用，与木箱包装相比可节省较多的包装费用，而且可以提高装载量，降低运输费用。其余的还有笼式集装器具、封闭式集装器具、网络式集装器具和袋式集装器具，都是各有千秋，功能各异。

玻璃集装架 △

10
国际集装箱联合运输

　　国际集装箱运输分为三种，一种是多式联运，另一种是国际铁路联运，还有一种叫大陆桥运输。集装箱的多式联运一般用于国际集装箱运输，指的是按照多式联运的合同，以至少两种不同的运输方式，将货物从一个国家的境内发送地点，运送到另一个国家境内的交货地点。它通常以集装箱为运输单元，将不同的运输方式组织在一起，构成连续的一体化的运输方式。它最大的特点就是多式联运的经营人与业主签订合同，一次托运、一次计费、一份单据和一次保险，由各个运输区段的承运人完成联合运输任务。多式联运的组织办法主要有海陆联合运输、陆桥联合运输和海空联合运输。海陆联运用得最多、最普遍，航运公司为主体，与航线两端的陆地运输部门开展联运任务。陆桥运输是采用集装箱专列或者卡车，以横贯大陆的铁路或者公路为桥梁，将两端的海运航线与陆运衔接起来的一种运输方式。海空联运指的是海运与航空联合运输，它最大的缺点就是集装箱需要更换，从普通的集装箱更换为航空专用集装箱。

　　国际铁路联运指的是在两个或者两个以上的国家的铁路全程运输中，使用一份统一的国际联运票据，以连带责任办理的联合运输。当采取这种运输方式时，不同国家不同轨距之间的货车可以在国境附近的换装站进行换装，轨距相同的铁路直接跨国运输。并非所有的货物都适合国家铁路联运，适合这种方式运输的货物主要有整车货物、零担货物和大吨位的集装箱货物。

　　大陆桥运输开始于20世纪60年代，在此之前，太平洋与大西洋等世界各国的国际贸易货物运输，是通过苏伊士运河和巴拿马运河，由远洋直达船舶全程运输，运输的距离长、运输速度慢，同时成本还高居不

国际集装箱联运 △

下。为了缩短航程和运期，大陆桥运输才提上了日程。大陆桥运输将横贯大陆的汽车或者火车作为桥梁，与两端的海洋运输紧密衔接，构成"海—陆—海"的联合运输方式。大陆桥运输主要办理集装箱业务。世界上著名的大陆桥有西伯利亚大陆桥，它横贯欧亚大陆，将太平洋与大西洋连接在一起，全程13 000千米，是世界上最长的大陆桥运输线路。北美大陆桥利用北美铁路从远东到欧洲进行海陆联运，该大陆桥包括美国和加拿大大陆桥两部分。北美大陆桥运输是世界上历史悠久、影响力最大的陆桥运输。新欧亚大陆桥起自中国连云港，通过陇海和兰新铁路衔接哈萨克斯坦，经过亚欧大陆到达大西洋沿岸的荷兰鹿特丹，全程10 900千米，是一条古老而又全新的陆桥运输线路。

　　不管是国际多式联运还是国际铁路联运以及大陆桥运输，其核心载体依旧是集装箱，随着技术的不断进步和国际交流日益增加，联合运输方式将如常青树永远枝繁叶茂。

九　铁路轮渡
——陆港联运再创辉煌

1
为什么要修建铁路轮渡

　　我国有1.8万千米长的海岸线，海岸线犬牙交错，形成了许多海湾，加上近海岛屿与大陆之间形成很多宽阔的海峡。在远离海洋的地方，有许多内陆河，比如松花江、黄河、淮河、长江等。一般的小河，修建桥梁就可以通过，但是若要跨越大江、大河和大海，当技术条件还不能修建特大桥梁的时候，乘客和货物跨河、跨海就需要渡船。

　　早年的铁路，因为技术条件不允许修建跨越长江的特大桥，在遇见长江天险时就会中断，比如贯通南北的交通大动脉京广铁路和贯通整个华北、华东地区的津浦铁路，在武汉和南京长江大桥建成之前，都被长江拦腰截断，分成南北两部分，如要通过长江就需要铁路轮渡。也就是在长江北岸将列车解体后装上渡轮，渡轮横跨长江到达南岸，列车再编组成一整列继续南下。这是跨越大江、大河的铁路轮渡存在的主要原因。随着科技水平的日新月异，建桥技术突飞猛进，长江天险已经变成通途，这些跨越江河的铁路轮渡也就退出了历史的

江阴铁路轮渡 △

舞台。当然，在一些不太重要的铁路支线跨越江河时，铁路轮渡还保留着，继续履行其运输职责，比如江阴铁路轮渡。

修建铁路轮渡的另一个原因和海湾、海峡有关。比如著名的渤海湾，呈向东开口的喇叭形状，在喇叭口的北侧是辽东半岛的大连市，南侧是山东半岛的烟台市。在地图上看，大连和烟台的直线航空距离也就是一百多千米，但是这短短的百余千米却被渤海隔开，铁路若从大连到达烟台，需要从大连沿着哈大铁路北上绕过渤海湾的北端，再折向西南，通过津秦沈铁路到达天津后，再经过津浦铁路南下，到达济南再折向东，最后才能到达烟台，走行距离长达1 600多千米。很明显，这种铁路运输线路很不经济，耗时长、运输成本高。如果能够从烟台到大连修建一条铁路轮渡线路，运输距离会大大缩短，降低运输成本，产生巨大的经济效益。

除了能够打通海湾之外，铁路轮渡还能贯通海峡，比如台湾海峡、琼州海峡和日本海峡都是孤岛与大陆隔海相望。就拿海南岛而言，从古至今因为与大陆无法连通，海南出产的丰富的产品只能通过船舶运输，再后来通过飞机航运。前者耗时长、运量小，后者成本高、运量也有限，限制了海南的经济发展。直到2003年1月7日，粤海铁路轮渡建成，这种隔离才成了历史。粤海铁路是中国第一条跨海的轮渡铁路，起自广东省湛江市，经琼州海峡跨海轮渡到海南省海口市，再连通三亚市，全长345千米，其中海上距离30千米左右。而连通大连和烟台的烟大铁路轮渡在2006年11月开始运营，是中国第二条跨海的轮渡铁路，陆地铁路线长35千米，海上运输距离86海里（约160千米），是中国最长、世界上第35条超过100千米的跨海铁路轮渡。

粤海铁路轮渡 △

2
铁路轮渡从历史中走来

　　铁路轮渡的发展是和多种交通方式的联合运输发展分不开的。铁路轮渡是铁路运输、河海运输的联合方式。世界上第一条铁路轮渡建于1850年，位于苏格兰的福斯海湾，这条轮渡线从英国的福斯港口到伯恩迪斯港，衔接英国爱丁堡和丹迪两大城市。如今，世界上的铁路轮渡主要分布在欧亚、美洲、非洲及南太平洋地区。欧洲集中了波罗的海、北海、黑海、里海以及地中海地区。北美洲集中在太平洋、大西洋沿岸及大湖区。亚洲主要分布在渤海和南洋地区。其中欧洲占了45%，北美洲占了30%，亚洲及南太平洋地区占据了25%。

海上渡轮 △

　　欧洲因为其错综复杂和曲折的海岸线，为了减少陆上运输距离，铁路轮渡是必不可少的，其中的北欧是世界上铁路轮渡最发达的地区，有16条铁路轮渡线路在运营中，其中最长的是芬兰与德国间的汉科—特拉夫明德—吕贝克轮渡线路，全长1 038千米。英国的铁路轮渡发展最早，兴盛了一百多年之后，随着英法两国英吉利海峡的地下隧道贯通，铁路轮渡便进入衰退期。其余的国家，俄罗斯的铁路轮渡一共有五条，意大利有三条。

　　北美也有漫长的海岸线，有世界上最大的湖泊群，这就为铁路轮渡的兴起创造了条件。在密执安湖和苏必利尔湖，有10条轮渡线在通航，美国和加拿大除了发展自己的铁路轮渡之外，还修建了国际联合铁路轮渡系统。北美洲最长的铁路轮渡就是从美国华盛顿州的西雅图到阿拉斯加的惠迪尔，全长2 600千米左右，是世界上最长的铁路轮渡线。南美洲的铁路轮渡主要集中在阿根廷、秘鲁和玻利维亚等国家，轮渡线全长约560千米。

西雅图轮渡 △

　　亚洲地区的轮渡主要集中在日本和印度尼西亚等岛国上面，这和这些国家四面都是海岸线有关。日本国内的运输，除了客运已经自成系统之外，四个岛屿之间的货物联运也是通过铁路轮渡进行的。比如本州与北海道之间、青森与函馆之间都修建了铁路轮渡。印度尼西亚的铁路轮渡一共有三条，长度都不大，发挥的作用有限，大部分的运输还是通过航空和海运来进行。亚洲其他国家和地区，如印度、缅甸、孟加拉国、斯里兰卡、土耳其等，都有数量不多的内湖、沿江、跨海的铁路轮渡线。

　　大洋洲地区主要的铁路轮渡线有两条：一条是澳大利亚的墨尔本跨越巴斯海峡与南端塔斯马尼亚岛上的斯坦利连接的铁路轮渡线，长约600千米；另一条是新西兰跨越库克海峡的惠灵顿—皮克顿的铁路轮渡线，全程94千米，连接新西兰南北两岛。非洲大陆的所有铁路轮渡，都集中在东非地区乌干达、坦桑尼亚、肯尼亚的维多利亚湖上。主要的轮渡线有两条，一条是乌干达的金甲到坦桑尼亚的姆万扎，另一条是坦桑尼亚与肯尼亚之间的姆万扎至基苏木铁路轮渡。

3
构成铁路轮渡的四大部件

铁路轮渡，按照字面意思也能看出和铁路、渡船、港口有关，不过还缺少最重要的一个要素，那就是衔接渡船与港口的跳板——栈桥。因此，如果把铁路轮渡作为一个大系统研究的话，那么铁路、渡船、栈桥和港口就是四个关键部件。其中铁路子部件是办理列车上下船作业的铁路设施，一般由铁路引线工程、轮渡站、机车车辆、轨道结构、通信信号和电力工程等组成。

渡船子部件主要是一种采用高新技术，功能齐全、附加值高的渡船。这种渡船和普通的轮船不一样，里面包含客船、列车停车舱、汽车滚装船舱等。渡轮既是航行中的重要工具，也是装卸作业中的关键环节。渡船系统部件涉及船型、推进系统、安全保护设施、渡船与港口栈桥的接口部件和渡船本身的结构等内容。

火车通过轮渡栈桥 △

铁路栈桥相当于普通渡船与码头衔接的跳板，不过这个跳板的技术含量非常高，是整个铁路轮渡大系统中最复杂的部分。栈桥一般由桥墩、桥台、跳板梁、升降控制系统和信号控制系统构成。栈桥承担的任务重大，它不但是渡船与港口的接口，也是铁路与渡船的接口，是火车上下轮船的唯一通道，栈桥技术的高低直接影响到整个铁路轮渡系统的优劣。

港口主要包括水域和陆域两大部分。水域部分指的是渡船进出港、停靠及港口作业的相关水上区域，包括航道、港池、锚池、防护设施、导航设施等。陆域部分包含码头、仓库、铁路、公路、港区道路、装卸运输机械等设备。当然，港口的排水设施、生产生活设施、电力通信信号控制系统也是必不可少的。

铁路轮渡的起点就是轮渡站，轮渡站的铁路线路从陆上既有车站中引出，到达距离港口最近的位置设站，按照客货量的大小配置存车股道。铁路待渡的客货列车在车站解体，通过栈桥送到渡船上。因此轮渡站是组织火车车辆在铁路和渡船之间交接的重要场所，是实现轮渡运输的安全纽带。研究铁路的轮渡站，主要研究它的技术作业条件和作业方式、车站布置形式、轮渡站与港口码头的衔接方式以及相关的信号、电力等辅助设施的配置。

而铁路渡船的最大特点在于，普通船的作业面只有一侧，而轮渡船的作业面有三个，一个作业面同铁路栈桥衔接，运送铁路货车；另一个作业面同汽车栈桥衔接，运送汽车；还有一个作业面与旅客栈桥接口，用来上下旅客。作业面增加，其技术难度也相应加倍。

港口的技术关键在于如何与自然地理环境相适应，要考虑大风大浪对港口的破坏，同时还要考虑在恶劣天气条件下，保证渡轮能够安全停靠码头。铁路栈桥最关键的技术，就是要满足渡轮在大浪剧烈颠簸的情况下，能与栈桥安全衔接。

轮渡、栈桥、渡船、港口一体图 △

4 铁路轮渡的作业流程

　　铁路轮渡运输是一个技术要求非常高的系统工程，其中任何一个环节出了问题，都会影响整个运输的安全性和可靠性。既然轮渡大系统由铁路、渡船、栈桥和港口组成，那么每一个部件都有其独特的作业方式和流程，这些流程组合在一起，就完成了整个铁路轮渡运输。

　　铁路轮渡总的运输流程是铁路货车在轮渡站等待装船，渡轮到了港口之后稳定停靠，铁路栈桥、汽车和旅客栈桥放到工作位置，渡轮与栈桥对接，轮渡站的货车、汽车和旅客通过栈桥上船，渡船上的货车、汽车与乘客下船。最后渡轮与栈桥分离，开始海上运输。渡船到达另一个码头之后，重复前面的作业流程。

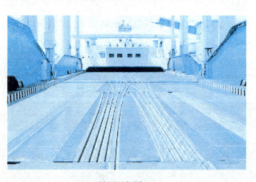

轮渡栈桥 △

　　首先说铁路部分的作业方式。待渡的列车从附近车站由机车牵引至轮渡站的到达场，到达的列车进入到达线，机车和车辆分离后，机车开走，列车在到达场进行分组，同类货物的列车分组在一起，通过调车机车将分组完毕的列车牵引至待渡场，等待装船。与此同时，下船之后的货车通过机车从待渡场牵引至到达场，再通过机车拉走，待渡场停留的货车进行装船作业。

　　其次是渡船的作业流程，渡船靠近港口码头，放下船锚，并用缆绳锚固渡船，然后让渡船与铁路栈桥准确对接，接着开启渡船的纵横倾调节系统，这个系统可以保证在大风浪的情况下能让渡船保持水平稳定。货车上下渡船，上船之后的货车车厢被绑扎固定，待所有的货车都上船之后，船桥进行分离，最后收起船舱门，开始海上运输。

铁路栈桥的作业流程比较复杂，因为栈桥都是钢结构，提升、开启、放下等作业都是通过液压控制系统进行的。栈桥作业的第一个流程就是开启液压设备，将栈桥从非工作位置提升到工作位置，并将其固定住。接着启动栈桥的安全防护装置，主要是转换栈桥上的铁路道岔，开启信号灯，向汽车栈桥发出同步操作的信号，并打开安全栏杆，将渡船纵横倾测量仪与栈桥的控制系统衔接，这样渡船的一举一动就和栈桥联系在一起，栈桥可以随着渡船的左右上下晃动而进行微动。在装卸车过程中，开启栈桥液压功能，让栈桥随着渡船一起动作，监控栈桥的倾斜度，保证作业安全。待装卸船结束之后，关闭信号灯、安全栏杆，将渡船的纵横倾测量仪与栈桥分离。最后开启液压系统，将栈桥从工作状态转变为非工作状态。

港口虽然是整个系统中唯一不动的设备，它的作用也非常重要。它主要是为渡船安全停泊与精确定位提供条件。渡船在满足水深和转弯半径的港口内停靠，采用艄侧推的方式靠近码头，渡船系缆绳，然后再继续倒车停靠在指定的位置。

火车通过栈桥上岸 △

5
铁路轮渡车站

　　铁路轮渡车站是铁路子系统的重要组成部分，主要为办理列车上下船服务，分为到达场和待渡场两部分，到达场接发和解编列车，待渡场用来与渡船对接，将货车装船和卸船。根据车站所在地区的地形条件，轮渡站的平面布置类型可分为横列式、纵列式和混合式三种。横列式是指将到达场和待渡场横向摆放，纵列式是指将到发场与待渡场一前一后首尾衔接摆放。混合式是将到发场与待渡场整合在一起，不再单独分场。根据铁路和港口的地形以及作业的需要，上述三种布置形式各有优缺点，关键是根据实际需要选择最合适的布置方式。

轮渡车站 △

待渡场的股道布置形式有三种类型，一种是梭形，这也是大多数小车站的布置形式，到发场与轮渡码头在一个方向上，车辆行驶视线好，布置对称紧凑，适合于港前纵向场地受限的地形。另一种是平行四边形，到达场与港口码头不在一个方向上的时候可以采用这种布置形式，这种平面布置最大的缺点就是司机行车视线不好。还有一种布置形式叫腰岔纵列式，这种布置形式在相邻股道中间设置渡线，适合于上下船调车作业采用两台机车同时作业的情况。

待渡场两条延伸出去的线路与港口码头的栈桥衔接。渡轮到达港口后，通过栈桥与待渡场的股道连通，这样货车可以被牵引上下船。待渡场延伸出去的是一条股道，而渡船里面的货车舱可能有很多条股道，用来满足货车的存放，那么多条股道如何与一条股道衔接呢？这个时候，道岔就派上用场了，道岔的主要作用就是满足股道分叉的要求。一般在栈桥的股道上连续铺设几组道岔，就可以解决一条股道连接多条股道的难题。不过问题又出来了，连续铺设道岔势必需要更大的长度，而栈桥修建得越长，越难以控制，并且自重增加、造价提高。而减少渡船货车舱的存车股道数量，又会使得渡轮的载货量减少，这个矛盾如何解决呢？铁路科技人员经过不断努力，终于想到了一个很好的解决办法，最终他们没有采纳在栈桥上连续静态铺设道岔的办法，而是让股道和道岔动起来，通过移动一条股道分别对应连接固定的多条股道，这种构思新颖的道岔叫滑动道岔。这种道岔大大缩短了栈桥的长度，减轻了栈桥的重量，并且简单实用、控制方便。

铁路轮渡车站的设置还要考虑站坪的纵坡坡度的大小，按照要求最好是平坡，同时车站的路基填筑也要满足工程标准。车站的给水排水、车站内部以及通往外面的公路道路、通信信号、暖通房屋、电力照明等生产生活必需的附属设施，也要一应俱全。这是因为车站除了满足铁路货物运输的需要之外，还要为车站的工作人员提供最便利的服务。

6

铁路轮渡栈桥

　　铁路栈桥建造技术在国际上经过多年发展已经趋于成熟。栈桥的提升采用液压升降油缸，同时采用电气化控制系统进行自动控制。很多轮渡都是采取一跨的形式，跨度长60米，也就是说，从渡船到港口码头只需要用60米跨度的栈桥就能解决问题。但是这种栈桥有一个适用限度，就是当地的潮差不能太大，因为潮差太大就会造成渡船上下浮动的范围太大，对于栈桥与渡船的对接产生不利影响，同时一跨度的栈桥的两端受力分别由码头和渡船承担。码头承载这些压力没有问题，但是渡船就有一个承载力极限，如果渡船一端所受压力太大，势必引起渡船船头和船尾力量不均衡，严重时会造成渡船倾覆，需要设置额外的附属设备来减轻渡轮的压力，这些附属设备可以向上提拉栈桥，化解一些载重量。

轮渡栈桥 △

　　我国的海洋潮差很大，采用单跨度不可行，必须采取多跨度栈桥。与陆地相连的栈桥采用较大的跨度，栈桥的载重可以传递给陆地码头和中间桥墩。与渡船相连的栈桥采取较小的跨度，可以让渡船承受比较小的荷载。比如跨越琼州海峡的粤海铁路轮渡采用的就是（32.3米+32.7米+24米）三跨栈桥，三个栈桥中只有与渡船衔接的跳板梁可以随船动作，其余两个栈桥梁不能动，这样的结构形式存在一个问题，那就是当潮位和渡船的载重量发生变化时，与渡船衔接的跳板梁和另外两个栈桥梁之间就会形成折角。这个原理很好理解，因为栈桥一端固定，另一端活动，活动的跳板梁上下发生变化的时候，必然与固定的梁产生折角。这种折角有一个限度，超过限度，就会发生危险，因此就大大限制了栈桥的载重量，由此也限制了铁路的运输能力。

轮渡栈桥 △

为了解决这个问题，铁路科技工作者研发了栈桥与船随动技术，并成功应用于烟大铁路轮渡上面。这种栈桥采用两个跨度，一端与陆地相连，另一端与渡船衔接，在中间栈桥衔接处设置液压油缸，可以自动调整高度，栈桥陆地梁与渡船跳板梁都是可以活动的，随着渡船的上下左右运动而动作，这样就减少了跳板梁与陆地梁之间的折角形成。同时在渡船端的跳板梁采用液压器蓄能技术，可以给栈桥向上提升的力量，减小跳板梁对渡船的压力。同时栈桥上面还设置滑动道岔，利用栈桥上的转辙器进行操控。

这种栈桥是一种高标准的精密设备，为了实现栈桥的升降功能、随动功能和道岔转换功能，在栈桥的船桥、陆桥、两桥、升降油缸与结构之间设置了多种类型的支座、关节轴承和机械设备。这些精密的机械与栈桥的电气自动控制设备一起，实现了栈桥在货车通过时，与船随动的功能。即使在比较大的风浪情况下，渡船依旧能够安全装卸货物，极大地提高了运输效率和安全性。

7
铁路轮渡船舶

　　铁路渡轮作为整个系统中的关键一环，它的性能好坏直接影响运输的安全和效率。以烟大铁路轮渡为例，其渡船是国内自主研发的大型火车、汽车、旅客、滚装渡船，首次采用了国际上先进的吊舱式电力推进系统，是集电机、电气、电磁、电力、电子、舵桨和计算机控制为一体的综合性的推进系统。渡船的性能好坏，推进系统起了决定因素。在蒸汽机出现之前，再大的船只，它的推进或者需要借助风力，或者借助人力，受海洋洋流与气候变化以及顺水、逆水等条件所限，一直屈从于大自然的掌控。蒸汽机出现之后，轮船才第一次摆脱了自然条件的控制，可以自由航行在江河湖海。随着内燃机的出现，船舶的重量因而大大减轻，推进系统的效率也迅猛提高，相应的航速也提升了很多。待到电力推进系统的出现，船舶的性能又上了一个大台阶。

渡船电力推进系统 △

　　烟大轮渡的渡船采用的是国际上最先进的电力推进系统，这种推进方式和柴油机推进方式相比好在何处呢？采用常规的柴油机推进方式，它的螺旋桨功率要和柴油机的输出功率相匹配，所谓有多大力气就干多重的活，因此柴油机的输出功率的大小限制了螺旋桨的性能。一旦柴油机老化，螺旋桨的性能也随之降低。但是电力推进系统不同，柴油机只是作为船舶中心电站的发电机，处于次要地位，控制重心转向了电力推进系统，这样一来，柴油机不再是主角，它若磨耗老化随时可以利用备用柴油机更替，不影响螺旋桨的功能。控制重心变为电力推进系统，就可以通过计算机手段精密调控输出功率，进而改变螺旋桨的转速，控制渡轮的航行速度。

除了采用最先进的电力推进系统之外，烟大轮渡的渡船对于船型也做了大量的研究和试验，在其快速性、耐波性、操纵性、抗沉性、稳定性、结构重量、经济性等多重指标上都做了深入探索。渡船为钢制结构，双层连续甲板。火车车辆舱位于主甲板，封闭式结构，尾部设有尾门，火车可以通过铁路栈桥上下渡船。汽车舱位于上甲板，封闭式结构，尾部右舷设舱门，通过汽车栈桥上下船，同时还设有供旅客休息观光的大厅。

渡轮在海上航行，安全很重要，这就要求渡轮的重心要降低，越低越稳定，为了降低渡轮的重心高度，将最重的火车舱放在了较低的位置。保证航行安全，救生设备必不可少，烟大轮渡的渡船配置的救生设备都是按照国际标准进行的，救生艇和救生筏按照110%的全船总人数配置，绝对不会让"泰坦尼克号"的灾难重演，同时船舱防火设计、灭火设施也采用了最先进的技术，对于火车车厢与汽车的绑扎也充分考虑了在海上航行的各种因素，保证在渡轮行进过程中不会因为狂风巨浪的冲袭而发生危险。

渡船靠港 △

8

铁路轮渡港口

只要有海洋、湖泊、大江大河，就会产生水上运输，有了水上运输就会产生让船舶停靠的港口码头，因此，港口就是具有水陆联运设备和条件，供船舶安全进出和停泊的大型枢纽工程。港口可分为陆上设施和水域设施。水域设施一般包括进港航道、锚泊地和港池等设施。陆上设施包括各种型号的起重机、卸车机等装卸机械设备，以及供电照明设备、通信设备、给水排水设备、防火设备等。

以上是一般港口需要配置的相关设施，对于铁路轮渡的港口而言，根据渡船的特殊需要，还要考虑很多因素。第一要根据港口的自然条件确定港口的选址和开挖水深，这些自然条件包括降雨量、风速、浪高、潮差等。第二是要研究渡船布缆的方式。所谓布缆就是在港口码头的合适位置布置缆绳，待船舶停靠港口之后，要用缆绳对其进行固定。对于普通的渡船而言，它的作业面只有一侧，只要保证上下船那一侧位置固定即可。而铁路轮渡的渡船有三个作业面，一个通往铁路栈桥，一个通往汽车栈桥，还有一个通往旅客栈桥，并且这三个接口同时作业，这就对渡船的固定方式提出了更高的要求。因为一旦渡船固定不牢，在大风浪和潮汐的作用下，渡船就会发生漂移，如果发生漂移，渡船与栈桥的对接就会出现问题，进而引发安全事故。

轮渡港口 △

以烟大轮渡为例，其港口布缆采取在渡船的船侧与船尾分别布置的方式。侧缆是为了保证在大风的情况下渡船不漂离码头，满足汽车栈桥和旅客栈桥的上下船安全。侧缆沿渡船的纵向拉力，也能避免渡船顺着码头漂移。艉缆的主要作用是为了避免渡船纵向漂移离开码头，保证铁路栈桥的上下船的安全。

港口码头的主要作用就是为了安全停靠船只，而渡船进入港口，因为驾驶员的失误，很可能会造成渡轮撞击码头侧壁，即使驾驶员没有失误，在大风浪等自然力的作用下，渡轮也会不断地撞击码头。因此码头的防撞击的设施要通过渡轮撞击码头的速度来计算撞击能量，通过撞击能量来确定码头侧壁的防护办法。烟大轮渡的港口码头侧壁采用的是护舷布置，即码头根部大约有35米范围设计成连片式结构，足以能够抵抗渡轮的撞击。

渡轮开进港口，停靠码头的过程中，它的螺旋桨一直在高速转动，转动搅起的水流会对码头的底床进行冲刷，如果不采取措施避免这种破坏，久而久之，码头的底部就会被掏空，在自重的作用下，码头就会发生坍塌沉陷。烟大轮渡港口码头采取的办法是用栅栏板保护码头的池底，经过大量试验证明，这种办法对防止冲刷效果非常好。

除了上述关键因素之外，烟大轮渡的港口设计是按照抗8级风考虑的，普通的码头只抗6级风，这就无形中增加了轮渡的作业天数，对于提高运输能力功不可没。

轮渡港口效果图 △

9 铁路轮渡的安全监控

任何交通工具都要安全第一，铁路轮渡的大部分运输都在海上，安全必定是头等大事。海上遇难，如果救助不及时，死伤非常惨重，加上特殊的环境，海上救援的难度要比陆上救援大得多。因此必须防患于未然，将渡轮的安全保障做到万无一失。

铁路轮渡采用先进的安全监控设备，保证渡船本身以及渡船在海上航行时的安全。为了将渡船本身的危险因素降到最低，需要在设计渡船时充分考虑海区的风浪影响，以及救生设备的配置、列车和汽车的绑扎技术、消防设备的布设、隔离舱、用于指导列车上下船的信号设备的设置。运营安全的前提就是设备安全，设备安全的前提下再培训渡轮工作人员，提高他们的安全意识。

△ 轮渡安全监控

海上运输安全监控体系主要为渡轮在航行过程中提供监控、助航和应急反应等服务。其中监控功能可以随时掌握铁路轮渡航线附近水域内的船舶动态，提供信息收集与处理、交通监控和信息服务。助航功能是为了加强渡轮的安全监督管理，实时提供助航信息，主要包括向渡轮提供航行定位数据、遭遇船舶的位置数据、渡轮附近水域内的船舶动态信息以及气象信息等。应急反应功能主要包括及时向有关船舶和相应机构提供、反馈渡轮的信息，保证能够有效地实施海上抢险和搜救工作。

　　铁路轮渡的安全监控设备采取预防控制的策略。就是在渡轮航行过程中，预计前方航路上的交通状况，预知危险因素，以做好应对措施。安全监控根据侧重点不同可划分为监视与监控两个层次。监视是监控的前锋。所谓监视，指的是对已经驶入或者即将驶入监控管理区的300吨级以上的过往船舶的航行动态进行监看，为进一步监控做准备。所谓监控，指的是对轮渡全航程进行监控，对驶入管理区的大型船舶进行雷达跟踪监视，集中处理跟踪数据并实时显现船舶信息。将预知的危险信息反馈给渡轮，提前做好应对准备。

　　铁路轮渡安全监管的内容主要包括通过岸上雷达，监控穿越管理区的300吨级以上的过往船舶、通过巡逻艇清理管理区内的捕鱼作业及滞留船只，同时通过巡逻艇检查管理区内渔民们设置的捕鱼用的定置网具。上述所做的一切都是为渡轮扫清航路上的障碍。

　　安全监控的管理部门分两个层级，一个是航行控制中心，另一个是现场监督站。航行控制中心相当于铁路的总调度中心，现场监督站相当于铁路的车站值班员。前者是进行全程宏观监控、

海上安全监控 △

处理机显示管理信息，并进行协调的控制中心，同时按照法律法规监督船舶交通动态，处理船舶违章事件。后者直接面对现场，维护船舶的交通秩序和通航环境，及时处理发现的危险苗头。

10 渤海明珠——烟大铁路轮渡工程

　　烟大铁路轮渡是我国铁路网中"八纵八横"规划中的跨越东北、渤海湾、长江三角洲和珠江三角洲四大经济区的沿海铁路通道的重要组成部分。这条东部沿海大通道北起哈尔滨，南至广州，是由哈大铁路、烟大铁路轮渡、蓝烟线、胶新线、新长线、宣杭线、甬台温线、温福线、福厦线组成的铁路干线，全长4 000余千米。烟大铁路轮渡是这条大通道不可或缺的一环。

　　烟大铁路轮渡北起大连旅顺羊头洼港，南至山东半岛北部烟台港四突堤，海上运输距离159.8千米。整个项目包括铁路运输、公路运输、海上运输和海上安监四项工程，需新建铁路引线34.35千米，是中国最长的跨海铁路轮渡。烟大铁路轮渡建成后，不仅缩短了东北至华中、华东以及华南、西南的运输距离，大幅度节省了运输开支，缓解了山海关地区铁路运输瓶颈，促进了南北地区的物资交流。

　　烟大铁路轮渡分为铁路工程、港口工程、陆域工程以及新型的航海渡轮。采用的技术比粤海铁路轮渡要先进，在港口、铁路栈桥、渡轮等关键技术上都有很大的突破。比如采用了"两跨一坡"的栈桥形式，通过液压控制系统使两跨桥梁在作业过程中始终保持成直线，省去了人工调桥过程，提高了效率和安全保障。采用了栈桥与渡船轨道连接的"一对五"滑动道岔，使桥、船轨道平面布置最优化，减小了栈桥面积和长度，提高了运输效率。为了与"一对五"型滑动道岔相匹配，栈桥钢梁结构采用变截面全焊下承式钢板梁，刚度大、重量轻，节约投资。同时采用了铁路栈桥轨道不同钢种的焊接工艺和钢梁超厚板焊接工艺，为我国桥梁建设事业做出了贡献。采用先进的信号控制系统，将栈桥与渡船链接等相关信息接入车站联锁系统，保证了火车上、下渡船的作业安全。旅客登船桥是我国客滚船码头第一次采用人性化航空标准设计的，旅客通过全封闭旅客登船桥可安全、舒适、快捷上下渡船。待渡场、栈桥信号控制系统很好地解决了栈桥与待渡场之间的信号联锁问题，保证了火车上下船作业的安全，该系统在国内是首次采用。烟大铁路轮渡研发的许多技术已经达到了国际先进水平，并获得2011年度国家科技进步二等奖。

烟大铁路轮渡的价值绝不仅仅限于其本身缩短了多少里程，更重要的是它的建成促进了相关城市的发展，首当其冲的就是旅游业。港口码头、轮渡所具有的一系列现代化建筑设施及渤海湾海上风光都可以成为观光旅游的载体，烟大铁路轮渡蕴含的旅游价值将会带来极高的经济和社会效益。烟大轮渡的科技含量高，工程外观更加富于现代化，旅客进出的通道为全封闭透明玻璃设计，乘客在行走过程中即可观赏渤海湾美景，具有非常大的旅游观光价值。

烟大铁路轮渡渡船 △

十　铁路车站
——功能各异多姿多彩

1
你所不知道的车站类型

　　任何铁路，都不可能一条线贯通到底，必须在中间合适地点设置车站。这些车站主要起两个作用，一个是专为铁路技术作业修建站点，比如让后面的列车越过前面的列车，两列对向开来的列车在单线铁路上会让以及在车站调车、装卸货物等。这种纯技术作业的车站一般不办理客运业务。车站的另一个功能是为旅客乘车服务，办理旅客的检票进出站、候车、乘车等作业。现在大部分车站都包含这两种功能，既办理列车的技术作业，又办理旅客的乘降。

　　铁路上最简单的车站就是越行站和会让站，这种车站除了正线之外，还配置1~2条站线，大部分列车在这种小站不停车通过，只有在后面速度快的客车想要越过前面速度慢的货车时，才考虑在车站办理越行作业。这种车站在技术条件不发达的普速铁路上经常见到，不过随着铁路技术的提高，以及客货分线逐步实施，这种车站已经逐步被拆除，现在很难见到了。

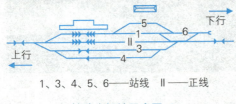

1、3、4、5、6——站线　Ⅱ——正线

铁路中间站示意图 △

　　比会让站和越行站更加复杂的是中间站，这是最常用的一种车站类型，除了能够办理会让和越行作业之外，还能办理少量旅客乘降、零担货物的运输和专用线的取送车作业。很多中间站还设置货场以及多条专用线接轨，为了满足货物列车转线的需要，还需要设置牵出线，利用这条线，可以将货物列车通过调车机车从一条股道转到另一条股道。

比中间站更复杂的就是区段站。区段站的设置地点与牵引机车有着密切联系。牵引机车在铁路上称为本务机车，这是从日本铁路术语中传承而来的。牵引机车的运行长度与机车的性能有关，比如内燃机车连续运行时间和长度就比电力机车要小得多，因此机车在牵引一定距离之后就需要在车站进行整备检查，这种满足机车牵引整备作业的车站就是区段站。区段站因为作业复杂，需要配备旅客乘降的站台、办理货物运输的货场、满足机车整备作业的机务点以及为了检修车辆而用的站修线等。

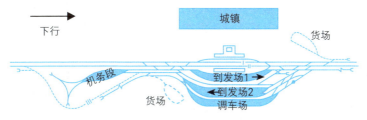

铁路区段站示意图 △

在所有的车站中，编组站是最复杂的一种。通俗地讲，编组站就是列车解体和重新编组的工厂。来自不同方向、不同类型和不同货种的列车进入这个工厂后，经过解体，按照相同的目的地重新编组成整列货车。一般的越行站和会让站大概长2千米左右，中间站长2~3千米，而编组站从头至尾长达5~8千米，并且线路繁多、作业复杂，不办理客运，是不折不扣的庞然大物。

客运站是我们最熟悉的车站类型，因为我们出门乘车最直接面对的就是客运站。现代化的客运站是伴随着客运专线的修建而兴起的，必须满足功能性、系统性、先进性、文化性和经济性的要求，这也是大型客站建设需要遵守的规则。除了上述车站之外，还有专业货运站、为工厂服务的工业站、货物换装站、港湾站、轮渡站等等。车站的种类繁多，五花八门，功能各异，了解这些车站，就会更加深入了解铁路的本身。

2 编组站

越行站、会让站和中间站规模较小，承担的铁路技术作业也比较简单。区段站的规模虽然比前者要大，作业也比较复杂，但是随着电力机车的普及，其运行的交路比内燃和蒸汽机车要长得多，大量的直达、直通列车的开行，也让区段站失去了以往的重要地位。同时铁路部门前几年大力整合机务段，拆除了很多零散的机务折返点，很多设在区段站的机务设施已经失去功能，区段站在整个路网中发挥的作用越来越小。而编组站作为规模最大、货运设施先进、作业量繁重的大型车站，越来越突显出了它的重要性。

△ 郑州北铁路编组站

编组站就是位于铁路网的干线节点上、能够集中办理大量货物列车到达、解体、编组出发、直通等作业，并设有调车作业设备的车站。编组站每天有大量列车编组和解体，除了位于铁路干线汇合点之外，也有的位于港口和大型工业区附近。编组站内设置办理列车到达作业用的到达线，办理列车发车作业用的出发线，办理货物列车解体、集结和编组作业用的调车线，以及供调车机车牵出车列进行调车作业用的牵出线、办理车辆解体作业的驼峰设备以及机务段和车辆段等必要的设施。

编组站按照在整个铁路网中的位置和承担的任务可分为路网性编组站、区域性编组站和地区性编组站。很显然，这种分类方法是按照功能的由大到小来排列的。路网性的编组站一般位于路网中数条干线的交叉点，是衔接多条线路的货车编组工厂，其作用不言而喻。这种类型的编组站主要担当各条干线中转列车的改编作业，可以编组大量的直达和直通货运列车。比较典型的代表车站就是北京的丰台西编组站、郑州北编组站、沈阳苏家屯编组站以及西安的新丰编组站等。区域性编组站比路网性编组站的地位稍低，也是位于铁路干线的汇合点，承担的任务与路网性编组站一样，只不过改编的车数要少很多。地方性编组站地位最低，吸引车流范围比较小，主要办理所在地区的货车中转与改编作业。

编组站按照作业流程分为三个车场，分别是到达场、编组场和出发场。到达场满足即将解体的货车到达及停靠，编组场里面设有货车解体和编组设备，通过平面调车或者驼峰设备，将到达的列车按照要求摘钩后，溜放到指定的线路上，待组成一个方向的车列后，再转向出发场办理出发作业。

编组站的三个车场，最佳的布置方式是按照到达、编组、出发的顺序一字排列，这种布置方式，车辆作业最顺畅，称为纵列式布置。但是很多地区因为地形条件困难，没有这么大的场地顺序布置车场，就采用横列式，可以将到达场、编组场与出发场上下并排布置，用以节省大量空间，或者取消出发场，将编组场改成编发场，既可以编组也可以办理列车出发。不过这种布置方式，货车的作业不流畅，影响使用效率。还有一种布置方式就是混合式，车场之间既有纵列也有横列布置，这就要根据需要和现场地形条件灵活采用。在编组车流大的时候可以采用双向式编组站，上下方向作业互不干扰，反之就采用单向式编组站。

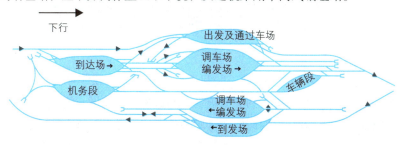

铁路编组站示意图 △

3
驼峰及自动化调速系统

　　第二次世界大战期间,美国空军为了支援中国抗战,曾经飞越喜马拉雅山,这条航线史称"驼峰航线",意味着飞机从低空爬向高空后再下降到低空,形成一个驼峰一样的航行线路。对于铁路编组站而言,驼峰已经成了必不可少的调车设备。那么什么是铁路驼峰,它到底是如何工作的呢?铁路驼峰其实并不神秘,甚至毫不起眼,只是一个平地隆起的土堆而已。驼峰位于到达场与编组场衔接处的咽喉区,它背靠到达场,面对编组场,从到达场延伸出来两条线路越过驼峰之后,与编组场的数十条股道连通,利用车辆势能转化成动能的原理进行调车作业。

铁路驼峰(圆圈中所示位置)△

　　大家别小看了这个土堆,它起的作用非常大,在驼峰的到达场一侧,车辆被调车机车推送到驼峰顶上,然后摘钩,在另一侧,车辆利用自重溜下,滑行到指定的线路上。驼峰的高度是经过了缜密的科学计算才确定的。如果驼峰做得比计算值高,那么推送机车要消耗更多能源,车辆越过驼峰后，因为动能过大，车速很快，若没有良好的制动设施进行制动，车辆会滑行到指定线路区域之外，不但带来危险，还得不偿失。如果驼峰的高度比计算的低，那么车辆的动能变小，车速变慢，即使不进行制动，车辆溜到半路就会停下，还需要调动机车牵引车辆到指定位置，无形中增加了车站的工作量，降低了作业效率。因此，选择合适的峰高是非常重要的。

不过，即使选择了合适的峰高，车辆因为种类不同、运载的货物不同，车辆的重量也不一样，甚至还有很多空车也需要经过驼峰进入编组场，对控制车辆流放速度提出了考验。编组场动辄就几十条股道，头部只有两条线路与几十条股道通过道

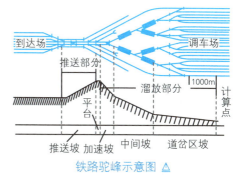

铁路驼峰示意图 △

岔衔接，车辆的重量不但差别大，还有很多车辆要溜到编组场的最外一条线路上，车辆走行距离远，经过的道岔多，产生的摩擦力也最大，这条最外线路称为难行线。在这种条件下，在同一个驼峰上面，重车溜放速度高、空车溜放速度低，很可能会出现重车溜过头、空车停在半路的情况发生。那么如何避免这种情况的发生呢？很简单，确定驼峰高度的时候，要考虑空车溜放进入难行线，不用制动就能到达指定位置停车的条件。而重车的溜放速度就会很高，必须通过制动设备对其速度进行限制，以达到安全停车的要求，否则高速冲下坡道的车辆就会与停在线路上的车辆相撞，不但损坏车辆，而且会发生危险。有些车辆，即使经过连续制动后，速度还是比较高，就需要在调车线的尾部设置停车器，让车辆强制停车。让列车减速的设备一般有减速器和减速顶两种，在大型编组站，一般是减速器和减速顶混用，在小型编组站，只用减速顶就能满足要求。在自动化程度很高的编组站，减速顶、减速器和停车器都是通过计算机进行控制的，这些设备统称为自动化调速系统。

4 铁路客运站

　　铁路的旅客运输也是整个铁路运输的重要组成部分，只要铁路沿线有人流聚集，就需要设置车站满足其乘车要求，这种专门办理客运业务的车站就叫客运站。在高铁客专还没有出现之前，客运站一般设在大中型城市和规模比较大的城镇里面，往往车站除了办理客运业务之外，车站正线上还有很多货车通过甚至在车站内部停靠，使得旅客乘车环境极为恶劣。随着高速客运专线的建设，越来越多美轮美奂的车站出现在我们的视野里，它们的客运设施功能齐全、候车大厅宽敞透亮、干净整洁，带给乘客美好的出行享受。当然，乘客们最先看到的、印象最深的只是客运站房，其实客运站的设施不仅仅包括站房，还有很多其他的设备。而客运站的建设，更是铁路和城市互相合作的结果。

铁路客运站 △

铁路客运站按照客运设施与线路配置的不同关系可分为三大类，分别是贯通式客运站、尽端式客运站和混合式客运站。贯通式客运站的正线和到发线、车站站房设在线路一侧，基本站台与中间站台用地道或者天桥衔接。大部分客运站都采用这种布置形式。尽端式客运站的到发线和正线全部为尽头式，站房设在到发线的尽头或者一侧，车站的旅客中间站台通过端部和基本站台衔接，北京北站属于典型的尽端式车站。混合式车站的到发线部分贯通、部分尽头，贯通式车站股道用来停靠长途旅客列车，尽头式车站股道用来停靠短途市郊列车。

客运站的停车股道的数量是根据近远期预测的客流量来进行计算的。一般小型的客运站几条股道就能满足要求，像北京南站和天津西站这种大型客运站，衔接的线路多，开行的列车对数密集，车站轨道数量一般都是20条以上。

大型客运站为了满足旅客的乘车需要，在设计期间就要考虑车站与城市其他交通方式的紧密衔接，满足旅客零换乘的需要。所谓换乘，指的是旅客在不同的交通方式之间进行转换的过程。而铁路客运站往往是多种交通方式的综合中心。铁路、公交、长途客车、地铁、轻轨等多种交通方式综合在一起，就构成了城市综合交通换乘枢纽。

客运站要满足旅客乘车，需要设置各种客运设施，站房无疑是最醒目的一个。客运站的站房要设有售票厅、候车大厅、检票设施、上下出入站地道、天桥等设施，以及为旅客提供方便的信息系统等。旅客从候车大厅检票进站后，就到了带雨篷的站台上面。旅客站台一般长450~550米，两侧用预制的钢筋混凝土板做侧墙，中间填土压实。从相邻的钢轨顶端到站台面高1.25米，这个尺寸是与车辆的结构相配套的，保证列车车门打开后，车厢的底板与站台平齐，旅客上下车方便。除此之外，车站还设有行包通道、客车上水以及消防设备等。

5
铁路客站的换乘

　　铁路客运站一般位于城市中心区，是城市的大型客运交通枢纽，客运站以及站前广场汇集了大量客流，这些客流分为两种，一种是从城市外部进入城市的客流，另一种是城市内部通过不同交通工具到达客运站的客流。因此，必须处理好各种交通方式在枢纽内的换乘和衔接。铁路与其他交通方式的换乘主要有：铁路与轨道交通的换乘、铁路与地面公交的换乘、铁路与出租车的换乘、铁路与社会车辆的换乘以及铁路与长途客运汽车的换乘等。

　　铁路与轨道交通换乘的最主要方式就是与地铁的换乘，并且尽量满足旅客的零换乘。所谓零换乘，指的是保证旅客在多种不同交通方式之间乘车时走行的距离最短，这也是客站换乘枢纽建设的"以人为本"的原则。城市轨道交通在城市中发展状况和覆盖范围，直接决定了城市轨道交通与铁路客运站换乘是否便利以及所吸引的客流量的大小。当轨道交通在城市中发展成完善的网络，旅客乘坐比较方便时，这种换乘对旅客最有吸引力，并且这种方式的换乘比例将会越来越高。

　　在没有轨道交通的城市里，铁路与地面公交的换乘是非常普遍的一种方式，这种换乘方式费用小，辐射面较广，在铁路客站换乘方式中占的比例也是相当大的。出租车是一种个体的交通运输方式，同轨道交通和地面公交相比，出租车具有集中到达的特点，因此在大型客运站中很多都设置出租车下客区和候车区，方便旅客换乘。私人汽车数量的增长也是客运站换乘中不可忽略的问题，在换乘枢纽中应该考虑社会车辆的停放场地和进出站流线，满足旅客的乘降出行要求。在铁路客站，上下车的旅客一般分为两类，一类是外地在车站临时中转上下车的旅客，一类是城市居民的乘降。对于前者，还要考虑长途汽车站同铁路客站之间旅客的换乘。

除此之外，还要考虑旅客在铁路内部的换乘。客运站根据线路的走向和相互交叉的方式不同，可分为站台面换乘、结点换乘、站厅换乘、通道换乘。客运站内部换乘基本上有两类，一类是与轨道交通、公交、出租车等短距离换乘，另一种是与不同铁路线路之间的客流换乘，这两种换乘方式均在站内办理，这就要求车站提供足够的空间和设施，且都可以采用站台换乘的办法。

所谓站厅换乘，指的是客站客流同其他交通方式换乘时，采用一个共同的站厅空间作为多种交通方式进行换乘的场所。通过这个综合公用的大厅，旅客下车之后出站或者再根据导向标志进入另一个站台换乘。

而结点换乘是指旅客通过自动扶梯，在站台与站台之间换乘。当车站内两条线路靠得比较近，由于地形条件限制，两条线路却无法合设在一个车站时，可以采用通道换乘，通过专用的旅客通道将两座完全分开的车站换乘结构衔接起来，以供旅客换乘用。

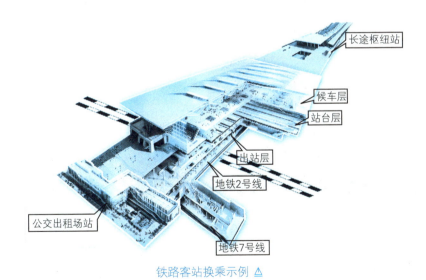

长途枢纽站

候车层

站台层

出站层

地铁2号线

公交出租场站

地铁7号线

铁路客站换乘示例 △

6 铁路客站实例：天津西站综合交通枢纽

高铁大型客站与我们息息相关，在出行中发挥了举足轻重的作用，本节以天津西站为例，介绍客站的相关设备与主要功能。天津西站是天津枢纽内大型的客运站之一，北侧为子牙河，南侧为南运河，东侧衔接天津西站至天津站的地下直径线，西端衔接京沪高铁正线，附近还有多条城市快速路横跨车站两端。随着京沪高速铁路、津秦客运专线、津保城际铁路、京津城际铁路接入天津西站，该站成为联系东北、华北和华东的高速铁路枢纽车站。结合天津市中心城区轨道线网规划，天津西站是地铁1号线、地铁4号线、地铁6号线三条线的重要换乘节点，同时还是地铁与市内公交、出租的重要交通转换节点。

天津西站 △

天津西站客运车场规模为13个站台26条股道，由北向南依次为津保车场、普速车场、高速车场和城际车场。津保车场设4条股道，将来主要办理津保铁路始发终到列车作业。普速车场有两条京沪正线和两条到发线，办理普速客车停站通过作业。高速场设12条到发线，主要办理天津西站发往东北方向和上海方向的始发终到列车以及上海方向至东北方向的通过列车作业。城际场设6条到发线，主要办理北京方向城际列车始发终到、上海方向高铁始发终到以及北京至上海方向通过列车作业。津保、高速、城际车场旅客站台长度为450米，普速车场旅客站台长度为500米。

天津西站站房南侧设行人集散景观广场，称为南广场，占地约7.8万平方米，站区交通设施设置在广场两侧，公交站在车站东侧，出租停车场、部分大型车停车场和长途汽车站在车站西侧，出租车停车场和公共停车场在地面下。站房北侧设置行人过河平台，占地1.9万平方米，公交站和公共停车场在平台西侧，出租车停车场在车站东侧，同时还设有地下公共停车场。

铁路车场、站房、站前南北广场共同形成换乘枢纽的三大功能分区，各分区之间通过设置上下联系通道相衔接。天津西站站房总建筑面积约为11万平方米，站房门廊的造型寓意"阳光"，站房的大厅顶棚全部采用钢结构交叉编织而成，造型独特优美。车站采用上进下出的进出站模式。高架候车大厅东西面宽为135米，南北进深为336米，横跨铁路车场。旅客可以乘坐出租车或私家车从东西两侧高架桥直接进站。两侧落客平台满足送站车辆及行人通过的要求。

车场南北两侧分别设置进站大厅，并在站房东、西侧设置基本站台出站厅。旅客通过地面进站大厅内的扶梯可直接进入高架候车大厅候车进站。地下一层为地下出站厅，东西两侧出租车出站车道与高架进站车道上下对应，候车平台长126米。中央24米通廊南北贯通，连接地面停车场及地铁站，东西两边布置车站办公、设备用房和出站厅。地铁1、4、6号线站厅层布置在地下出站厅东南侧，与既有地铁1号线和预留6号线工程结合，形成地铁综合换乘大厅，方便旅客换乘。

天津西站是京沪高铁在天津枢纽的始发站，于2011年6月30日开通使用。

天津西站候车大厅 △

7
货运站与货场

货运站一般设在铁路枢纽里面，主要办理整车、零担、长大笨重、集装箱等货物的运输和装卸作业。同时车站还办理货运列车的接发、解体编组，向相邻的专用线取送车辆作业，必要时还要在货运站修理损坏的货车车辆和进行调车机车的整备。

铁路货运站 △

货运站设置的股道数量也是根据每天办理货车数量的多少来确定的，它的平面布置形式分为尽端式货运站和贯通式货运站。货运站里面一般都设有货场，货场可以与货运站纵向布置，也可以横向布置，根据现场的地形条件来灵活选择即可。

货场的种类很多，按照办理的货物类别可分为综合性货场和专业性货场。综合性货场可以办理不同种类的货物，像木材、煤炭、日用品、钢材等。综合性货场根据每年的货运量大小还可细分为大型、中型和小型货场。每年的货运量大于100万吨以上就是大型货场，年货运量30万吨至100万吨为中型货场，30万吨以下是小型货场。专业性货场只办理一种或者两种大宗货物，比如危险品货场、散堆装货场、液体货物货场和集装箱货场等。按照货车种类的不同，又可分为整车货场、零担货场、混合货场。整车货场的股道比较长，可以让一整列货车直接进入停靠而不必将其拆解成几辆。零担货场可以办理零担货物，所谓零担货物是指运量零星、批数较多、到站分散、品种繁多、性质复杂、包装条件不一、作业复杂的货物。零担货物也指一次托运重量不足 3 吨的货物。而混合货场可以办理整车、零担以及集装箱等综合业务，综合性货场实际上就是混合货场。

货场内除了必需的股道之外，还要设置货运办公房屋和仓库。货运办公房屋一般在货场的进口处，这样便于托运人和收货人办理承运和交付手续。货运员办公室一般设置在仓库和货位附近，可以方便货物装卸。装卸机械存储

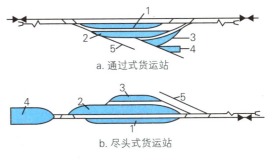

a. 通过式货运站

b. 尽头式货运站

1. 到达场　　2. 调车兼出发场
3. 调车场　　4. 货场　　5. 专用线

铁路货运站示意图 △

和维修房屋也是必不可少的。除了房屋之外，货场内还要铺设环绕整个装卸区的汽车道路，并与货场外面的公路连通，方便汽车出入。

货场内的装卸机械主要有门式起重机（俗称龙门吊）、汽车和轮胎式起重机、履带式起重机、轨道式起重机、门座式起重机、链斗式装车机和卸车机、螺旋式卸车机和电瓶驱动的叉车等。各种类型的起重机主要用于起重吊装长大笨重货物，比如集装箱、木材和钢材等。卸车机与装车机主要用于散堆装货物，例如煤炭、水泥、砂石料等。而电瓶叉车主要用来装卸小件货物，比如生活日用品等。对于小型集装箱，现在也可以用改装后的叉车进行叉装作业。而危险品货场以及液体货物货场，就需要特殊的装卸机械来进行装卸作业，否则极易引发危险。随着科技的不断发展，货场也一改以往的面貌，各种新型装卸机械层出不穷，更加推动了货场的发展。

8
工业站

工业站是专门为大型企业服务的铁路车站，比如首钢、宝钢、唐钢以及大型发电厂都需要设置专门的工业站为其提供原料、运出产品。按照工业企业的性质可分为采掘工业站，主要为煤炭、铁矿、油田和其他金属、非金属矿山服务。因为采掘工业站的特殊性质，车站的发送量要远大于到达量，主要是往外运送货物，以装车为主。其次是加工工业站，主要为钢铁或有色金属的冶炼、石油加工、机械制造、火力发电服务。加工工业站与采掘工业站正好相反，是大量货物的到达地，以卸车为主。还有一种就是多家合用工业站，这种车站一般位于多个企业集中的区域，同时为多家企业提供服务。

首钢工业站 △

工业站为企业提供服务，而到达和发送的货车有的产权属于铁路，有的是企业自备车。并且，国铁由国家出资修建，企业铁路一般是企业自己投资修建，这样就存在国铁与企业铁路有一个接轨和货物交接的问题。工业站的交接方式有三种，一种是货物交接，列车到达后，将货物卸下，铁路与企业办理交接作业，企业再将货物拉走。另一种是车辆交接，货车到达车站后，不卸货，直接办理交接手续，货车再通过企业自备的机车开进厂区。第三种就是货物和车辆交接并存的方式。

工业站的设置应该靠近企业有大量货物流出、流入的地点，减少车辆的走行距离，降低运营成本，同时要满足所在城市的规划需求。其选址还要考虑铁路运输与其他的运输方式能很好地结合在一起，减少中间周转环节。钢铁企业设置工业站时，要根据原材料及产品的运输方便，设置一个或者多个工业站。而煤矿、铁矿等矿山工业站的设置要根据矿区的分散或者集中的特点确定车站数量。石油开采和加工企业的工业站要根据油田开采、产品运输和炼油厂的分布情况决定工业站的数量。

在工业站内，因为大量货物运输是其主流，所以需要设置一种检斤计量设备，称为轨道衡。轨道衡是以火车轨道一节车厢的长度为计量衡器的称重设备，分为两大类，一类是电子轨道衡，与电子传感器相连接；另一种是机械轨道衡，与机械杠杆相连接。还可分为静态轨道衡、动态轨道衡两种，广泛用于工厂、矿山、冶金、外贸和铁路部门对货车散装货物的称量。静态轨道衡用于称重静止状态货车载重，动态轨道衡用于称量行驶中货车载重。动态电子轨道衡由承重梁、过渡器、高精度称重传感器、高速数据采集通道、微型计算机、打印机等组成，它可对行进中的铁路列车不停车、不摘钩快速连续地进行动态称量，称量过程连续、自动、快速，无须人工参与，减少了人为误差，提高了计量速度。工业站内轨道衡应优先设置在车流集中通过的地点，并保证车辆进出衡器的通畅性，同时，不能干扰其他线路的正常作业。

铁路轨道衡 △

9
换装站

　　世界上的铁路存在不同的轨距，有宽轨距、标准轨距与窄轨距三种，大多数国家采用的都是1 435毫米的标准规矩。当火车在不同轨距铁路之间转换时，该怎么办呢？比如，俄罗斯目前采用的还是1 500毫米的宽轨，我国的国际列车开往俄罗斯，因为轨距不同，相应的车辆的转向架与车辆宽度都不一样，根本无法运行在俄罗斯的铁路上。对于国际客车而言，采取的办法有三种，第一种最简单，将中国的乘客全部换乘到俄罗斯的客车上。另一种办法是在国境站上整体更换车辆转向架，以满足俄罗斯铁路宽轨要求。第三种办法是在俄罗斯境内的铁路上修建套轨。所谓套轨，就是在宽轨内侧再铺设一根钢轨，与另外一侧钢轨的轨距满足1 435毫米，这样，客车就能在中俄两国的铁路上畅通无阻了。因国际客车的目的地、运行线路和车次都固定，并且开行对数很少，采取上述办法可以解决。但是货车就很不方便，一来，货车编组辆数很多，更换转向架不可行。其次，货车可选择的线路很多，到达的目的地也很分散，如果都在俄罗斯的铁路上修建套轨，那是一笔巨大的投资。目前国际上流行的办法都是采用货车换装，就是将本国的货物换装到别国的货车上。为了解决不同轨距的铁路货车的交接换装问题，必须在两国的国境线上修建换装站。

　　换装站是设在不同轨距铁路的衔接地点，为货物换装和旅客换乘以及更换车辆转向架等作业服务的车站。按照设置地点与担负的作业性质不同可分为国境换装站与国内换装站。国境换装站设在两国的国境线附近，也称为口岸站，比如满洲里口岸站、绥芬河口岸站等。国内换装站设在国内不同轨距的线路衔接处，办理不同轨距的铁路换装业务。国境换装站除了设置到发场、换装场、货物仓库外，还要有公安、边检、卫生防疫等服务设施。

绥芬河换装站 △

　　在换装站上，为了办理换装作业，要设置两种轨距或者混合轨距的
环状线、货物站台、雨棚、仓库、保温库、货物落地场以及不可缺少的换
装机械等。货物换装可以采用直线换装、落地换装与高低换装三种不同的
方式。采用直线换装的时候，货物由一种轨距的车辆换装至另外一种轨距
车辆时，货物不落地直接换装。落地换装的时候，将一种轨距的车辆的货
物暂放站台或者仓库内，待另外一种轨距列车到达卸完货后再装车。高低
换装设置不同高度的换装线，重车线设在高处，空车线设在低处，用于煤
炭、矿石和散堆装等货物的换装。除了换装货物之外，换装站还办理更换
转向架的业务，利用电动架车和龙门吊将车厢吊起来，再将不同轨距的转
向架推至指定位置，再放下车厢，转向架便更换完成。

10
海湾站

铁路为了运输方便，常常将线路修到港口，这样就能够实现铁路与水运的联运。为了方便铁路与港口船舶的货物换装，就需要设置港湾站。对于港口而言，分河港与海港两种，它是一座水陆联运的枢纽，是铁路、公路、远洋或者内河运输的集会点。其最大的运输特点就是要在短时间内将大量的货物装船或者卸船，以加速车船之间的周转，周转的速度越快，货物运能就越大。

铁路港湾站 △

对于港口运出的货物，港湾站承担以下作业：第一，要接入到达港口的列车；第二，要根据货物的不同去向对车辆进行分类；第三，将车辆送至码头装船，或者直接卸货暂时存储。

对于运进港口的货物，港湾站作业流程为：第一，将卸完货的空车送到各个装车点，比如码头、仓库等；第二，将船上、仓库、码头的货物进行装车；第三，将装完的车辆编组发车。

对于吞吐量较大的港口，铁路设备主要由港湾站、港口站和港区车场、码头线及货物装卸线组成。如果货物量不大，并且距离铁路自己的车站很近的时候，可以不设置港湾站，而由铁路设在港口附近的车站进行取送货物装车作业。如果港口较小，且距离港湾站比较近的时候，可以不设港口站，由港湾站承担港口站的作业。

　　港湾站是为有大量货物装卸作业的港口服务的车站，办理货车的到发、解编、车辆分类，以及向港口站、港区车场等地取车送车。港口站临靠港口码头最近，是为港口内部服务的车站，向港湾站办理车辆交接作业，以及港口内部车辆的分类、集结以及向港湾站进行取送车。

　　港区车场是为码头和各泊位或货舱以及场库挑选、集结及配置车辆服务的。在作业量大的港口设置港区车场，能更好地保证车、船的衔接和船舶装卸作业的连续性。码头线是直接为港口装卸作业服务的，其线路的布置取决于码头的位置、形式、机械化装卸设备的类型以及货物的种类和性质。

　　港湾站的站址选择要与港口的总体规划相一致，一般布置在港口货流的出入口处，同时与相邻的铁路车站有便捷的通路，还要满足城市规划以及消防、卫生、环保等要求。港湾站对货物的交接方式分为货物交接和车辆交接两种，需要根据铁路与港口的自身便利来选择合适的方法。港湾站按其主要车场的位置分为横列式和混合式两种。横列式的布置是将港口的到发场与调车场上下并排布置，混合式是车场之间布置形式有横列也有纵列式。当港口吞吐量不大，且大宗货物较多、直达列车比重较大时，采用这种横列式布置图可满足作业上的要求。混合式布置形式适应于货物品种比较复杂、改编作业较大的港口。

　　装卸运输设备主要是指港口为船舶、车辆装卸货物和港区内货物搬运所用的装卸、搬运机械。可分为四大类：起重机械、搬运机械、输送机械和港口专用机械等。

　　车站种类繁多，功能各有千秋，它们的身影散落在世界各地，默默无闻地经历风霜雪雨，也热切注视着铁路发展的日新月异。

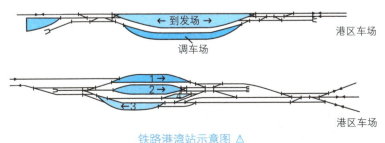

铁路港湾站示意图 △

后 记

　　笔者毕业于某铁路院校的交通运输专业，现就职于某大型铁路勘察设计院集团公司，专业方向为铁路站场与枢纽设计，从事一线铁路设计近二十年，具有丰富的铁路车站设计经验。曾经参与过国内外数十条长大干线、大型铁路枢纽以及客运站的设计，参与过中国第一条客运专线——秦沈客运专线的站场设计以及著名的京沪高速铁路设计。

　　作为一名热爱铁路事业的人，笔者在钻研本专业知识的同时，对其他专业也有所涉猎。在工作和生活中，经常发现人们对铁路误解很深，尤其是甬温铁路动车组出事之后，铁路建设遭遇口诛笔伐，铁路形象跌入谷底，因此痛感民众对铁路知识的严重欠缺，因为不了解所以误解，因为误解所以非难。要改变这种情况，普及铁路知识势在必行。但是铁路专业书籍汗牛充栋，只能满足专业技术人员需要，而面向普通大众的铁路科普图书寥若晨星。因此，笔者利用业余时间，借助专业经验，博览铁路专业书籍，消化吸收后，撰成此书。只求用通俗的语言向读者讲解最专业的铁路知识。

　　这本书全景式介绍了铁路的方方面面，让读者对普速、重载、高铁、城轨交通、磁悬浮、铁路轮渡、集装运输、高原铁路、各类铁路车站等有一个初步的了解。希望这本书能够激发青少年学习科学的热情，也希望更多有识之士投身铁路建设事业，为祖国的钢铁大动脉奉献智慧和才华。